V&R

Dienst am Wort

Die Reihe für Gottesdienst und Gemeindearbeit

84
Es leucht' wohl
mitten in der Nacht

Verlag Vandenhoeck & Ruprecht
in Göttingen

Es leucht' wohl mitten in der Nacht

Weihnachtliche Entdeckungen

Von Horst Hirschler

Verlag Vandenhoeck & Ruprecht
in Göttingen

Die Deutsche Bibliothek – CIP- Einheitsaufnahme

Hirschler, Horst:
Es leucht' wohl mitten in der Nacht: Weihnachtliche Entdeckungen /
Horst Hirschler. – Göttingen : Vandenhoeck und Ruprecht, 1999
(Dienst am Wort; 84)
ISBN 3-525-59348-1

Umschlagabbildung:
Rogier van der Weyden, Anbetung
der Könige (Dreikönigsaltar), AKG, Berlin

Satz: Dörlemann Satz, Lemförde
Druck- und Bindearbeiten: Hubert & Co, Göttingen

Inhalt

Vorwort

Das Spiel wiederholte sich in jedem Jahr.

Ab Mitte November wünschen die Gemeinden für ihre Gemeindebriefe eine kurze, auf zwei DIN A5-Seiten druckbare, spannend lesbare und evtl. auch am Heiligen Abend verteilbare Weihnachtsmeditation.

Dann kommen die Zeitungen mit ihren Wünschen nach einer ausführlichen Weihnachtsbesinnung.

Es muß Anfang Dezember der Weihnachtsbrief mit der Predigtmeditation für alle, die am Heiligen Abend zu predigen haben, und wer ihn sonst lesen mag, raus.

Schließlich kommt die Vorbereitung für die eigene Predigt am Heiligen Abend um 18.00 Uhr in der Marktkirche zu Hannover.

Dazwischen die Fülle des Üblichen.

Er ist wohl nicht zu vermeiden, dieser vorweihnachtliche Streß, zumal, wenn das Backen der Weihnachtskekse auch noch eingeschoben werden muß, und das Einkaufen der Weihnachtsgeschenke zwar eine günstige Gelegenheit ist, sich selbst und andere zu beobachten, aber die Gelassenheit nur äußerlich da ist.

Die Familie hat das jeweils milde stöhnend ertragen, und freundlich bei der Suche nach immer neuen Erzählungen, Einsichten und Durchblicken geholfen, auch wenn die Botschaft immer die alte bleibt.

Dabei packt mich – wie wohl alle, die am Heiligen Abend zu predigen haben – bei der Vorbereitung der Predigten und Meditationen immer wieder die Angst: Werden sie damit etwas anfangen können?

Viele waren das letzte Mal vor einem Jahr da, werden wieder mit erstaunlichen Erwartungen in der Kirche sein.

Sie möchten innerlich angerührt werden.

Die jungen Leute sind aus den Studienorten gekommen, sind um der Eltern willen dabei,

manche kritisch und abständig, und doch zu gewinnen.

Die muß ich mit Gottes Hilfe im Herzen zu ergreifen suchen.

Auch die kirchlich Engagierten warten auf neue Anstöße.

Das wird mir wieder nur fragmentarisch gelingen.

Was ich sage und schreibe, muß die Hauptsache des Glaubens anschaulich, erlebbar transportieren.

Man muß Lust haben, zu Ende zu lesen und zu hören.

Es muß etwas von der Freude des Glaubens spürbar werden.

Eine Christvesper, in der nicht schallend gelacht werden kann, ist nichts.

Aber wahrscheinlich haben sie im Himmel noch ein paar andere Maßstäbe.

Wichtiger wird sein: Es muß das Empfinden da sein können, da wird meine Sache verhandelt. Dieses weihnachtliche Geschehen hat etwas mit den Grundfragen meines Lebens zu tun.

Auch die politische Welt darf nicht fehlen.

Und an der Krippe möchte man stehen und einen Zipfel dieser weihnachtlichen Botschaft so packen, daß etwas neu wird in mir, und sei es nur für ein paar Tage.

Die Texte in diesem Büchlein sind in den letzten Jahren meistens zwischen Tür und Angel, oft zwischen Nacht und Schlaf, zwischen Traum und Tag hergestellt worden. Es sind Gebrauchstexte.

Vieles habe ich mit meiner Frau, oft auch mit den Söhnen erst einmal gesprächsweise erprobt.

Mein persönlicher Referent, Herr Pastor Dr. Brandy, hat die Veröffentlichung angeregt und war dankenswerterweise bereit, die Texte aus den Bergen von Material zusammenzusuchen.

Ich hoffe, sie nützen ein wenig beim Predigen und Leben.

Hannover, Sommer 1999 *Horst Hirschler*

1 Weihnachtliche Entdeckungen

Vertraute Christgeburt
Lichtglanz von Kindertagen
hervorgeholt aus Weihnachtstruhen

unzeitgemäße Christgeburt
in herausgeforderten Jahren
da jeder für sich streiten muß

befreiende Christgeburt
die Sorge für morgen
umgibst DU in Krippe und Kreuz

Horst Hirschler

Es leucht' wohl mitten in der Nacht

Aus Luthers Weihnachtslied »Gelobet seist du, Jesu Christ« sind mir zwei Verse besonders lieb.

Den aller Welt Kreis nie beschloß,
der liegt in Marien Schoß;
er ist ein Kindlein worden klein,
der alle Welt erhält allein.
Kyrieleis.

In diesem Vers ist in genialer theologischer und sprachlicher Verdichtung die weihnachtliche Glaubenserfahrung auf den Punkt gebracht.

Der Gott, den die ganze Welt nicht umfassen kann, für den also der gesamte Kosmos zu kümmerlich ist, um ihn zu fassen, weil er allein diesen Kosmos im Sein hält, dieser Gott begibt sich in die Begrenztheit eines neugeborenen Kindes hinein. Da ist gleichzeitig das Kreuz mitgedacht. Dieser Gott geht in die Anfälligkeit eines Menschenkindes hinein. Gott wird verletzbar. Er ist also nicht nur da, wenn Jesus heilt und anfaßbar die Nähe Gottes verkörpert. Gott ist auch in der Verlorenheit, in der Tiefe der Verzweiflung, im Abseits des Kreuzes, im Gekreuzigten selbst da. Das bedeutet: Nicht nur im Heilwerden ist Gott zu erfahren, sondern auch unter dem Gegenteil, im Abseits des Lebens. Die Gottesferne, die ich in Schuld und Verhängnis erlebe, ist aufgehoben. Gott ist da, wo ich ihn nicht vermute.

»Die christliche Liebe enthält das Pathos und das Geheimnis der Kleinheit. Daher wird das Kind in der Krippe so wichtig, zusammen mit der Niedrigkeit aller Umstände im abseitig-engen Stall. Das Unerwartete, den Erlöser als hilfloses Kind zu finden, teilte sich der christlichen Liebe dauernd mit ... sie sieht das Hilflose als bedeutend, das von der Welt Weggeworfene als berufen«, schreibt Ernst Bloch in seinem »Prinzip Hoffnung«.[1]

Gott ist nicht nur im Guten, Wahren und Schönen, nicht nur im Kraftvollen und Gesunden, nicht nur in dem, was sich durchsetzt gegen das Böse und Schwächliche, erfahrbar. Nein, wie er am Kreuz zwischen uns ist, so ist er es in der Unbehaustheit, in der erfolglosen Herbergssuche, der äußeren und inneren (!), in der Nichtseßhaften-Unterkunft »Stall von Bethlehem«. Der uns in seinem Wollen verborgene, die Wirklichkeit durchwaltende Gott, auf den wir – mit Dank, wenn es uns gut geht, mit Angst und Schrekken, wenn Unglück hereinbricht – reagieren, läßt sich entdecken in diesem Kind in der Krippe. Hier ist Gottes sonst verborgenes Angesicht als liebevolle Zuwendung zu begreifen.

Dieses Kind, dieser die Gottesnähe verkörpernde Mensch, ist Gottes Wort für uns. »Der unendliche Gott wird endlicher Mensch. Dies Ding kann man mit dem Glauben fassen, mit Worten und Gedanken aber ist's unaussprechlich, ja ist ein Ärgernis und Anstoß allen klugen Leuten«, schreibt Martin Luther 1537. Und an anderer Stelle:

»Da merkt und erkennt niemand, was Gott im Stall wirkt, wie er die hohen Paläste und köstlichen Gemächer leer bleiben läßt ... Was geschieht aber im Himmel über dieser Geburt. So verachtet sie auf Erden ist, so hoch und tausendmal mehr ist sie geehrt im Himmel.«

*

Von Werner Reiser gibt es die schöne Fantasiegeschichte »Uns ist ein Kind gegeben«[2], die ich für unseren Zusammenhang gekürzt nacherzähle und ein wenig variiere.

Im Himmel waren sie ratlos. Kein Himmlischer wußte mehr, was man mit den Menschen noch machen sollte. Die Irdischen waren für die Geheimnisse des Himmels taub und blind geworden. Sie waren nur noch mit dem beschäftigt, was sie selbst zustande bringen konnten. Da das sehr viel war und sie das Leben immer mehr verlängern und angenehmer machen konnten, schauten sie nur noch darauf und vergaßen, daß sie sterblich waren und ihre Lebensreise einen Anfang und ein Ende hatte. Sie hatten längst schon keine Sprache mehr für die himmlischen Dinge. Was aber nicht besprochen wurde, das war für sie auch nicht da.

Da traten die Engel im Himmel zusammen, bildeten Arbeitsgruppen und berieten. Im Plenum stellten sie ihre Ergebnisse vor. Eine Gruppe empfahl eine Wiederauflage der Sintflut mit modernen Mitteln.

Eine andere machte eine Feldanalyse auf Erden und berichtete: »Seit die Irdischen ohne Aufblick zu uns leben, wenden sie den Blick nur noch zur Erde. Sie arbeiten immer gegen den eigenen Schatten. Das gibt ihrer Arbeit etwas Dunkles und Endloses. Sie können sich nicht mehr recht freuen und sehnen sich doch danach. Wir wollen ihnen ein Fest bereiten und ihnen so auf Jahre hinaus Erinnerungen der Freude und Freiheit schenken.«

Eine dritte Gruppe hatte eine Langzeitstudie angefertigt und empfahl die Erziehung des Menschengeschlechts durch ausgewählte Vorbilder, die wie Leuchttürme unter ihnen sein und ihnen prophetische Orientierung geben sollten.

Plötzlich wurde es still. Oberengel Gabriel war zu ihnen getreten. Er sagte nur zwei Worte: »Ein Kind!« Und als ihn alle sprachlos anschauten, wiederholte er: »Er gibt ihnen ein Kind. Das ist Seine Antwort auf ihre Entfremdung.« Sie blieben aus Respekt vor dieser Entscheidung eine Weile still. Aber dann hagelte es Proteste. »Die wollen doch kaum noch Kinder. Kinder sind unerwünscht, stören, hindern die eigene Entfaltung. Durch ein Kind werden sie nicht verwandelt.« Besonders die Mitglieder der Leuchtturm-Gruppe und die der Sintflut-Gruppe waren empört. Gabriel sagte: »Es soll diesmal anders sein. Er will den Himmel verlassen und als dieses heranwachsende Kind ihnen nahe sein.«

Ein älterer Engel stand kerzengerade und murmelte nur: »Sie werden ihn töten, dann wird Er tot sein.« Gabriel sagte leise: »Er will da durch.« Laut aber sagte er: »Seht zu, daß das Experiment gelingt, es ist das letzte. Der größte Teil von euch bildet jetzt den Chor der himmlischen Heerscharen. Einige müssen los, um die Herzen einiger Menschen zu erreichen.«

So kam es, daß Maria ein wenig begriff, und die Hirten etwas ahnten, daß Joseph sich wie ein Träumer vorkam und später der Hauptmann unter dem Kreuz verstand, daß Gott unser Bruder geworden ist.

*

Das ewig Licht geht da herein,
gibt der Welt ein' neuen Schein;
es leucht' wohl mitten in der Nacht
und uns des Lichtes Kinder macht.
Kyrieleis.

»Darum siehe zu, daß du bei dem Evangelium nicht allein schon an der Historie deine Lust habest. Denn die bestehet nicht lang. Auch sollst du nicht allein ein Exempel daran nehmen. Denn ohne Glauben haftet das nicht, siehe aber zu, daß du dir die Geburt zu eigen machest und mit ihm tauschest, daß du deine Geburt los werdest und die seine überkommest. Das geschiehet, wenn du glaubest.« (Martin Luther, 1525)

Das ewig Licht geht da herein. Dieses Christuskind gibt der Welt einen neuen Schein. Nicht einen neuen Anschein. Es ist nicht die Verwandlung der primitiven Notunterkunft Stall in eine romantisch verklärte Scheunen-Idylle.

Es leucht' wohl mitten in der Nacht. Wenn man sich Rembrandt-Bilder zur Weihnachtsgeschichte anschaut, sieht man, daß alle Helligkeit in diesen Gemälden von dem Kind ausgeht. Der neue Schein ist keine Illusionen herbeizaubernde Beleuchtung. Es geht eben gerade nicht um Blumen, die man um die Ketten der Not windet, damit sie möglichst lange unbeachtet bleiben. Es geht vielmehr um die innere Wandlung des Menschen durch eine Christusnähe, die den finstersten Ort nicht verschmäht.

Die Bedrängnisse unseres Lebens verlieren ihre niederziehende Kraft, wenn wir als Kinder des Lichts inneren Halt haben. Erst dann sind die Bedrängnisse machtlos und können verändert oder, wenn es nicht anders geht, ertragen werden.

Dazu könnte die Hirtenlegende von Max Bolliger passen, die von einem Hirten erzählt, der von der Erscheinung der Engel nichts mitbekommt und das ganze für einen Spuk hält. Obwohl kräftig und hart, geht er an Krücken. Ich stelle mir vor, er hat eine Art Dauerhexenschuß, wie sie Menschen mit Problemen leicht haben. Schließlich macht er sich doch mürrisch zur Krippe auf. Als er ankommt, ist niemand mehr da. Erst denkt er, es war also alles Unsinn. Schadenfroh will er umkehren. Da entdeckt er die kleine Kuhle, wo das Kind gelegen hat. Er weiß nicht, wie ihm geschieht. Er kauert sich vor der kleinen Krippe nieder. Schließlich geht er staunend davon. Erst als er eine Weile gegangen ist, merkt er, daß er seine Krücken an der Krippe vergessen hat. Er hält inne, geht dann zögernd weiter und spürt, wie seine Schritte immer sicherer und fester werden.

Gewiß, dies sind Legenden. Aber solche Legenden und Himmelsgeschichten können gleichzeitig alltägliches Erleben mit ansprechen. Mancher weiß zu Weihnachten, daß er zum Jahresende seinen Arbeitsplatz verlieren wird und weiß nicht, wie es weitergehen soll.

Manche pflegt endlos einen nahen Angehörigen und unterdrückt mühsam den Wunsch, es möchte ein Ende haben. Andere haben es gut, jammern dennoch und müssen die Dankbarkeit lernen. Wer meint, er habe alles Wohlergehen sich selbst zu verdanken, braucht Erleuchtung. Gott gebe uns seinen Geist.

Die Christusnähe des Advents

Die Adventszeit hat eine seltsame Prägung. Vom Kirchenjahr her ist es die Zeit der Ankunft des Herrn: Christus wird erwartet als der künftige Kommende. Darauf gilt es sich vorzubereiten: über uns selber nachdenken, unsere Sünde erkennen und umkehren. Adventszeit ist Bußzeit. Als ich das als Theologiestudent das erste Mal hörte, schüttelte ich mich vor Spott über solchen Unsinn. Adventszeit sei doch Vorbereitungszeit auf Weihnachten, auf die Ankunft des Christkindes, erfüllt von der Erwartung, daß Weihnachten mit seiner Innigkeit, seinem Lichterglanz, den Liedern, sicher auch mit den Geschenken eine besondere innerliche Frömmigkeit und Gotteserfahrung ermöglichen könnte. Das ist der volkstümliche Sinn der Adventszeit. Ich halte es für vernünftig, darauf einzugehen.

Dennoch: In der Lesung zum 1. Advent (Römer 13,8–12) wird die Nähe der Wiederkunft Christi zum Thema gemacht: »Die Nacht ist vorgerückt, der Tag aber nahe herbeigekommen.« Aber warten wir auf das Kommen Christi – gar in dieser Zeit besonders? Ich habe versucht, genauer hinzuschauen, wie Jesus vom nahen Reich Gottes geredet hat. In der Regel denken wir, daß in einigen Jahren oder Jahrhunderten schließlich Christus kommen muß. Sieht man sich die Überlieferung an, merkt man: Da fehlen Hinweise auf Berechnungen, auf Gegenwartsereignisse, die die zeitliche Nähe als wahrscheinlich erscheinen lassen. Jesus macht gar nicht den Eindruck, als sei das Reich Gottes übermorgen oder morgen zu erwarten.

Es wird bei ihm eher so etwas wie eine räumliche Nähe spürbar. Ich stelle mir deshalb die Nähe des Gottesreiches wie eine ganz nahe Gotteswirklichkeit vor, die teilweise schon in unsere Wirklichkeit durchschlägt. Jesus hat ja Elemente des Reiches Gottes immer schon vorweggenommen. Das zieht sich bis in das Geschehen von Kreuz und Auferstehung hinein.

Ich will es an einem Beispiel deutlich machen. Am Morgen des Ewigkeitssonntags fiel mir ein, daß ich noch zu einem Mitarbeiter mußte, den ich gut aus Jugendarbeitszeiten kannte und der im Sterben lag. Nach dem Gottesdienst fuhr ich im Krankenhaus vorbei. Er schien kaum noch ansprechbar, aber als ich ihm meinen Namen sagte, war er plötzlich ganz aufmerksam da, und wir sprachen über alte Zeiten im Jugendkreis. Zwischendurch kamen die Schmerzen, die der Krebs verursachte, so daß er nur stöhnen konnte. Da fiel mein Blick auf den Nachttisch. Dort lag das Gesangbuch. Gott sei Dank. Da habe ich ihm die Lieder des Ewigkeitssonntags und dann die Adventslieder vorgesungen. Man spürte, wie er mitging. Als ich Jochen Kleppers Lied »Die Nacht ist vorgedrungen, der Tag ist nicht mehr fern« anstimmte, lächelte er und schlief bei den nächsten beiden Versen ein. Die Schmerzen waren weg. Beim vierten Vers wachte er wieder auf: »Noch manche Nacht wird fallen auf Menschenleid und Schuld. Doch wandert nun mit allen der Stern der Gotteshuld. Beglänzt von seinem Lichte, hält euch kein Dunkel mehr. Von Gottes Angesichte kam euch die Rettung her.« Er nickte. Es war das letzte Mal, daß er so bei Bewußtsein war. Am nächsten Tag starb er.

Dies ist für mich die Christusnähe des Advents und der Weihnachtszeit.

Schwierige Herbergssuche

»Flügel müßte man haben«, schimpft Michael, der Ortsvorsteher, »ich komme mir heute vor wie ein Engel zu Fuß. Wen soll ich noch alles unterbringen! Es fliehen jetzt zu viele vor Herodes. Wie heißt du noch?«

»Joseph«, sagt der junge Mann und zeigt auf die Frau und das Kind. »Die können nicht mehr.«

»Ja, ja«, brummt der Ortsvorsteher, »jeder denkt, er sei ein Sonderfall.«

»Schon die Geburt war schwierig«, sagt Joseph. »Stundenlang haben wir nach einem Raum gesucht. Schließlich landeten wir in einem Viehstall.«

»Na, dann kennt ihr's ja schon«, sagt Michael, »hier geht es auch nicht schneller.«

»Wie kommt es, daß hier in Ägypten dieses jüdische Dorf ist?« fragt Joseph.

»Wir sind schon lange hier«, sagt der Ortsvorsteher, »fünfhundert Jahre, seit Jeremias Zeiten. Aber für uns seid ihr Fremde, und man braucht eine Engelsgeduld, um die Leute zu überzeugen.«

Unvermittelt beginnt die Frau zu reden: »Engel waren auch bei der Geburt.«

»So, bei euch armen Leuten? Hast du sie gesehen?«

»Nein«, sagt Maria, »aber Hirten kamen, erzählten es und waren sehr fröhlich. Der ganze Stall war voll Gesang und Glanz. Aber nun sind wir schon lange wieder auf der Landstraße. Wirst du eine Hütte für uns finden?«

»Das wird schwer sein, jeder sieht nur auf seinen Weg und hat Angst um Hab und Gut.«

Maria schweigt eine Weile. Dann sagt sie nachdenklich:

»Vielleicht kommt durch dieses Kind Segen zu den Menschen. Sie glauben es nicht, sie kreisen um sich selbst und um ihren Besitz.«

»Nun haben wir schon acht gefragt«, sagt Joseph, »das ist das neunte Haus. Langsam reicht es mir.«

Er klopft an die Tür. Ein junger Mann öffnet.

»Samuel«, sagt der Ortsvorsteher, »könnt ihr die nicht aufnehmen? Sie können nicht mehr. Tu es doch um Gottes willen.«

»Gott hält sich verborgen, uns bleiben die Sorgen«, erklärt der junge Mann.

»Aber wer den Armen nicht sieht, dem Gott entflieht«, gibt der Ortsvorsteher zurück. »Ich glaube, das Kind ist ein Gottesgeschenk.«

»Ein Kind als Gottesgeschenk?«

Der junge Mann muß plötzlich lachen.

»Bei uns kam unser drittes an in dieser Nacht, meine Frau schläft noch, und ich mache mir Sorgen. Kommt herein. Eine Zeitlang wird es gehen. Vielleicht bringt ihr uns Segen.«

»Ob ich nicht doch ein Engel bin«, denkt Michael, als er davongeht, und reibt vergnügt den Silberdenar, den ihm Joseph zusteckte, »zwar ohne Flügel und vielleicht nur für jedes neunte Haus, aber immerhin.«

Eine nachdenkenswerte Geschichte zu Weihnachten. Sehr viele können heute sagen, uns geht es gut. Dafür wollen wir Gott danken. Aber es ist auch manches in Unordnung, und manche Sorge und Befürchtung schleicht in unsere Herzen. Manche innere und äußere Herbergslosigkeit gibt es. Dies scheint zur weihnachtlichen Stimmung schlecht zu passen. Und doch ist das Besondere an Christi Geburt, daß die schwierige Welt gerade nicht ausgeklammert wird. Nichts wird verharmlost. Bis hin zum Kindesmord von Bethlehem. Aber diese schwierige Welt wird dadurch verwandelt, daß in ihr Gott selbst in diesem Kind erscheint. In diesem Kind, in seinem Flüchtlingsstatus, der schon aufs Kreuz verweist, will Gott uns zeigen, daß er unsere Dunkelheiten erhellen will. Es braucht Menschen, die das im Innersten wissen, die sich den Frieden des Herzens schenken lassen und dadurch den Kopf und die Hände frei haben für ihren Nächsten.

Die Hauptsache

Die Tiere diskutierten einmal über Weihnachten. Sie stritten, was wohl die Hauptsache an Weihnachten sei.

»Na klar, Gänsebraten«, sagte der Fuchs, »was wäre Weihnachten ohne Gänsebraten!«

»Schnee«, sagte der Eisbär, »viel Schnee!« Und er schwärmte verzückt: »Weiße Weihnachten!«

Das Reh sagte: »Ich brauche aber einen Tannenbaum, sonst kann ich nicht Weihnachten feiern.«

»Aber nicht so viele Kerzen«, heulte die Eule, »schön schummrig und gemütlich muß es sein, Stimmung ist die Hauptsache.«

»Aber mein neues Kleid muß man sehen«, sagte der Pfau, »wenn ich kein neues Kleid kriege, ist für mich kein Weihnachten.«

»Und Schmuck!« krächzte die Elster, »jedes Weihnachtsfest kriege ich was: einen Ring, ein Armband, eine Brosche oder eine Kette. Das ist für mich das Allerschönste an Weihnachten.« »Na, aber bitte den Stollen nicht vergessen«, brummte der Bär, »das ist doch die Hauptsache, wenn es den nicht gibt und all' die süßen Sachen, verzichte ich auf Weihnachten.«

»Mach's wie ich«, sagte der Dachs, »pennen, pennen, das ist das Wahre. Weihnachten heißt für mich: mal richtig pennen!«

»Und saufen«, ergänzte der Ochse, »mal richtig einen saufen, und dann pennen« – aber dann schrie er »Aua«, denn der Esel hatte ihm einen gewaltigen Tritt versetzt: »Du Ochse, denkst du denn nicht an das Kind?«

Da senkte der Ochse beschämt den Kopf und sagte: »Das Kind, ja, das Kind, das ist doch die Hauptsache.« – »Übrigens«, fragte er dann den Esel: »Wissen das die Menschen eigentlich?«

*

Wissen das die Menschen eigentlich? Das ist die entscheidende Frage. Manchmal geht das Jesuskind in der vielen Arbeit und Unruhe vor Weihnachten unter. Aber der weihnachtliche Gottesdienst holt uns dann doch wieder an die Krippe, in der Gott zur Welt kommt.

Das ist der einzig vernünftige Grund, warum wir Weihnachten feiern: Gott kommt zur Welt. Ziemlich kümmerlich übrigens!

Daß in Jesus von Nazareth der allmächtige Gott Mensch geworden ist, haben die Freunde Jesu auch erst nach und nach begriffen. Sie hielten ihn anfangs wohl für einen bedeutenden Prediger. Manche werden auch gedacht haben, er sei ein Prophet. Aber wenn er redete, kam es ihnen manchmal vor, als ob Gott selbst sprach.

Als dann die Katastrophe kam und er hingerichtet wurde, da haben sie gedacht, nein, Gott war wohl doch nicht in ihm. Sie sind davongelaufen und waren verzweifelt. Erst durch Ostern haben sie langsam verstanden, daß Gott durch das Kreuz zeigen will, wie nahe er uns Menschen ist. Krippe und Kreuz sagen: Gott ist dir nahe. Das gilt gerade dann, wenn wir über uns selbst oder über unsere Situation verzweifelt sind. Deshalb feiert die Christenheit so gern das Weihnachtsfest und hält Karfreitag und Ostern so hoch. Solch eine Freude über Gottes Nähe kann uns großzügiger und menschenfreundlicher machen.

Das Geheimnis

Als die Menge der himmlischen Heerscharen wieder zurückflog zum Thron Gottes, erzählt eine alte Legende, sagte einer der Oberengel zum anderen: »Na, wenn das man gut geht! Hast du den Stall gesehen? Das ist ja das letzte. Das Ehepaar macht ja einen ganz ordentlichen Eindruck, aber die bewegen doch nichts. Und der Kleine, wenn der sich nicht auf irgendeine Weise machtvoll erweist, dann bleibt das mit den Menschen wie zuvor. Und dann ist doch irgendwann wieder eine Sintflut fällig.«

»Der Chef hat gesagt, er will das nicht mehr.«

»Ja, ich weiß. Komisch ist ja, wie verändert die Hirten sind. Der große dunkle, der ist doch eigentlich ein richtiges Ungeheuer. Hat der nicht sogar eine schwere Körperverletzung auf dem Gewissen?«

»Ja, der hat eine furchtbare Angst, man könnte ihm etwas wegnehmen, er schlägt immer um sich. Der hat Angst, er kommt zu kurz. Sein Vater ist erschlagen worden, als er klein war.«

»Guck mal, wie der mit den anderen herumalbert.«

»Tatsächlich. Als wenn er innerlich verändert wäre.«

»Vielleicht ist das das Geheimnis, was wir noch nicht begriffen haben. Christus findet keine menschenwürdige Herberge. Er kommt im finstern Viehstall zur Welt. Er zeigt, daß Gott auch bei denen ganz unten ist. Wenn das stimmt, brauchen auch die, denen es besser geht, nicht mehr so viel Angst um sich zu haben, weil sie nie so tief abstürzen können, daß Gott nicht bei ihnen wäre.«

»Du, komm, wir müssen zurück.«

»Ja, ich weiß – du hörst auch gar nicht mehr richtig zu –, für dich ist es nur spannend, wenn's kracht, wenn mit Macht die Bösen zum Teufel gejagt werden, wenn die Gerechtigkeit sich durchsetzt oder eine Sintflut kommt. Vielleicht läuft die Macht diesmal über die von der Lebensangst befreiten Herzen. Vielleicht ist ein von der Angst befreites Herz viel mächtiger als alle Gewalt.«

»Ja, vielleicht.«

Ochs und Esel auf Bildungsurlaub

Jener Ochs und jener Esel, die damals bei der Krippe mit dabei gewesen sein sollen, haben Bildungsurlaub aus dem himmlischen Paradies bekommen, um die Folgen jenes Ereignisses in Bethlehem, dem sie beigewohnt hatten, studieren zu können. Der Esel hatte schon mehrmals solchen Antrag gestellt und auch genehmigt bekommen. Für den Ochsen war es das erste Mal.

Da himmlische Ochsen und Esel durchsichtig sind, bewegen sie sich ungestört und ungesehen durch das vorweihnachtliche Gewimmel an einem verkaufsoffenen Sonnabend in der großen Stadt.

Die Menschen hasten mit Paketen und Tragetaschen beladen von Geschäft zu Geschäft, schieben sich an den Buden des Weihnachtsmarktes vorbei. Nur am Eingang der Kirche, da ist es ruhiger. An dem großen Portal stehen zwei Stadtstreicher und trinken Bier aus Dosen. Der Strom der Menschen ist von hier besonders gut zu beobachten.

»Du, Eselchen«, sagt der Ochse etwas atemlos, »es hat doch damals geheißen, so was haben doch die Engel gesagt, nun würde Friede auf Erden sein. Schau dir doch die Leute an, wie aufgeregt sie sind, schau doch mal, wie sie hin und her laufen, ob sie nicht noch etwas zum Kaufen finden. Das ist doch kein Friede, das ist Unfriede.«

»Ach«, sagt der Esel: »Du alter Ochse, du bist eben ein Provinzler, bist ja nie aus deinem Paradies herausgekommen. Jetzt sind moderne Zeiten. Der moderne Mensch ist anders.

»Aber muß man nicht zu Weihnachten auf etwas warten, vielleicht sogar auf Gott warten?« fragt der Ochse vorsichtig.

»Warten ist überholft, das Warten macht passiv«, erklärt der Esel.

»Nein«, brummt der Ochse, »wenn ich auf mein Heu warte, bereite ich mich doch innerlich aufs Fressen vor. Da bin ich nicht passiv. Ich warte doch.«

»Völlig überholte Ansichten«, sagt der Esel. »Für den modernen Menschen ist ungesichertes Warten viel zu riskant, wer weiß, was da kommt. Nein, man muß die Dinge heute selbst in die Hand nehmen. Natürlich muß der Mensch etwas erwarten, muß eine Hoffnung haben. Aber die muß man selber organisieren. Dann weiß man, was einen erwartet. Jeder schreibt seinen Wunschzettel. Und solche gezielte Erwartung zu organisieren, was meinst du, was das für eine gewaltige Anstrengung ist.«

»Ja, und wo bleibt das Überraschende?« fragt der Ochse.

»In der Auswahl«, sagt der Esel, »die Menschen schreiben immer mehr auf den Wunschzettel, als sie kriegen. Im übrigen, wo bleibt bei deinem himmlischen Heu das Überraschende? Du weißt doch auch immer, was du kriegst.«

»Hm«, brummt der Ochs, »aber seit wir an der Krippe standen, weiß ich, daß immer noch was fehlt.«

Die beiden sehen in ein großes Bürohaus. Im größten und vornehmsten Zimmer sitzt ein Mann mit hochrotem Kopf, große Stapel mit Weihnachtskarten vor sich. Das wollen sich Ochs und Esel aus der Nähe ansehen und so gehen sie hinein. Der Ochs schaut dem Mann über die Schulter. Drei Sorten Karten hat er vor sich liegen. »Gesegnete Weihnacht« steht auf dem einen Stapel, ein Bild von der Krippe schmückt die Karten (– der Ochs sieht nicht doll aus, findet der himmlische Ochse). Der andere Stapel »Fröhliche Weihnacht« zeigt einen Tannenbaum, und der dritte Stapel (»Frohes Fest«) bietet eine Schneelandschaft. Der Mann schaut in eine Liste, schreibt einen Namen auf den Umschlag, greift auf einen der drei Stapel und steckt eine Karte hinein, und schreibt und steckt und schreibt und steckt und stöhnt zwischendurch und murmelt, so hört der Ochs, »daß dieser Idiot auch was kriegen muß.«

»Was ist das?« fragt der Ochs erstaunt den Esel. »Warum nimmt der unterschiedliche Karten, und warum schimpft er, und warum arbeitet er so?«

»Na ja«, sagt der Esel, »tausend muß er wohl rausschicken von der Sorte. Das ist ganz schön viel Arbeit. Wenn er's nicht macht, laufen ihm die Kunden davon.«

»Und warum nimmt er verschiedene?«

»Das hängt mit dem religiösen background der Leute zusammen.«

»Und warum flucht er so dabei?«

»Weil er die Hälfte nicht leiden kann.«

»Und warum machen die Leute so was?«

»Du bist ein hoffnungsloser Himmelsochse«, sagt der Esel, »wenn man die Erwartungen voll in den Griff kriegen will, dann darf man nichts auslassen. Und wie soll der Mann Weihnachten gut schlafen, wenn er nicht das Gefühl hat, nun hab' ich alles geschafft?«

Zum Schluß stehen sie wieder an der großen Kirche. Neben der Tür ist ein altes Steinrelief, Hunderte von Jahren alt, die Stadtstreicher haben die Bierdosen draufgestellt und lehnen sich gegen das Gesimse. Große Steinfiguren sind es. Jesus auf dem Esel, eine Menschenmege um ihn herum – der Einzug in Jerusalem. Die schlechte Luft der Stadt hat den Sandstein schon angefressen. Alt und fleckig sehen die Figuren aus. Die beiden Stadtstreicher mit ihren struppigen Bärten und ihrem grauen Zeug passen gut dazu.

»Da waren wir nicht dabei«, sagt der Ochs.

»Du nicht, ich war dabei«, sagt der Esel.

»Ach so«, sagt der Ochs, »und was rufen die, die da um Jesus herumstehen?«

»Sie schreien, gelobt sei der, der da kommt im Namen des Herrn, Hosianna dem Sohn Davids.«

»Wieso Davids?«

»Er kam aus dem Geschlecht Davids, und das war das letzte Mal, daß sie gute, gerechte Zeiten hatten, so dachten sie. Stimmt auch nicht ganz. Die Zeiten verklären sich, aber die haben eben erwartet, daß mit dem Einzug Jesu in Jerusalem gerechtere Zeiten anbrechen, deshalb haben sie ihm zugejubelt, und als das nicht geschah, haben sie ›Kreuzige ihn‹ geschrieen.«

»Guck mal die beiden, die da stehen und trinken, die warten, daß gerechte Zeiten anbrechen.«

»Puh«, sagt der Esel, »die sollen lieber arbeiten, dann brauchten sie nicht so auszusehen.«

»Vielleicht finden sie keine Arbeit mehr«, murmelt der Ochs.

»Ach, die müssen sich ändern, wer so säuft und nichts tut, findet auch keine Arbeit.«

»Du, Eselchen«, sagt der Ochs, »sich ändern ist schwierig, wenn man nicht geliebt wird. Wenn man sich ändern soll, muß viel Liebe in einen gesteckt werden.«

»Papperlapapp«, sagt der Esel, »Öchslein, du wirst sentimental, wir haben moderne Zeiten, da müssen sich die andern ändern.«

Plötzlich kommen Kinder mit einer Krippe voll Stroh und tragen sie in die Kirche.

»Was machen die?« fragt der Ochse.

»Sie üben für das Krippenspiel am Heiligen Abend.«

»Was ist ein Krippenspiel?«

»O du dämlicher Ochse, die wiederholen doch jedes Jahr unsere berühmte Geschichte: Ochs und Esel an der Futterkrippe mit dem jungen Paar.«

»Und dem Kind, das ist das Wichtigste«, ergänzt der Ochse, »aber wozu machen sie das?«

»Ich weiß es nicht ganz genau«, sagt der Esel kleinlaut, »ich glaube, sie decken damit irgendein Defizit ab.

Komm, wir gehen lieber wieder heim.«[3]

Die Rollerfahrt mit dem Jesuskind

Es war am ersten Weihnachtstag. Der Pfarrer war noch in der Sakristei. Da hörte er schnelle kurze Kinderschritte. Ein Junge, fünfjährig, ging geradewegs auf die Weihnachtskrippe zu, blieb einen Augenblick stehen, griff nach dem Jesuskind mit großer Behutsamkeit und steckte es in seinen Anorak. Der Pfarrer wollte hinzuspringen. Aber was der Kleine so furchtlos und bedächtig tat, konnte kein Diebstahl sein. Sicheren Schritts ging er nach draußen, der Pfarrer folgte in einigem Abstand. Dann hörte er das Geräusch eines Rollers. Seltsamerweise fuhr der Kleine nicht davon, sondern um die Kirche herum. Einmal, zweimal, dreimal. Der Pfarrer wußte nicht, was er tun sollte. Schließlich hörte er die kleinen Schritte zurückkommen. Der Kleine ging wieder zur Krippe und bettete mit großer Sorgfalt das Jesuskind in die Krippe. Nun trat der Pfarrer aus dem Dunkel heraus. Der Junge war nicht im mindesten erschrocken.

»Ich hab's doch versprochen. Wenn ich einen Roller bekomme, daß es dann einmal mitfahren dürfte. Was man versprochen hat, muß man halten.«

»Das ist wahr«, sagte der Pfarrer und sah dem davonrollernden Knaben nach.[4]

Mancherlei Wünsche und Hoffnungen hängen sich an Weihnachten. Und manches Versprechen wäre zu geben und zu halten. In der Kindheit waren es der Roller oder das Fahrrad. Später ist es die Sehnsucht, es möchte etwas geschehen, was uns berührt, uns hilft an den wunden Punkten unseres Lebens. Wir erwarten ein Geschenk, einen Telefonanruf, einen Menschen, daß wir innerlich heimkommen, vielleicht etwas, das wir gar nicht sagen können. Weihnachten liegt auf einem schmalen Grat zwischen Freude und Schmerz. Das Kind im Stall und sein Ende am Kreuz zeigen, daß Gott uns gerade in alltäglichen Schwierigkeiten und Finsternissen nahe ist. Die weihnachtliche Botschaft ist deshalb so realistisch, weil sie sowohl dem Leid wie der Freude gewachsen ist. Und welche Rollerfahrten mit dem Jesuskind als Dank dann angemessen wären, muß jeder selbst entscheiden.

Das Zeitungsblatt, das Gott aussuchte

Brechts Weihnachtsgeschichte »Das Paket des lieben Gottes«[5] hat es in sich. Ich erzähle sie hier in einer Kurzfassung.

Berthold Brecht erzählt von einem Weihnachtsabend in Chicago 1908. Der Wind wehte scheußlich kalt vom Michigan-See herüber. In einem Lokal saß eine trostlose Gesellschaft beeinander.

Arbeitslose waren es zumeist. Der Whisky erschien noch wäßriger als sonst, und die Leute waren noch verzweifelter. Zwar kamen gegen zehn Uhr drei junge Leute herein, die irgendwo ein paar Dollars aufgetrieben hatten und gaben ein paar Runden aus. Aber, als wenn der Teufel seine Hand mit im Spiel hatte, die Stimmung wurde nicht besser, nein, sie schlug geradezu ins Bösartige um. Es gab eine Art Bescherung mit umgekehrtem Vorzeichen: Dem Wirt wurde ein Kübel mit altem Schneewasser geschenkt, damit er mit seinem alten Whisky noch ins neue Jahr hineinreiche. Der Kellner bekam eine alte Konservendose, damit er wenigstens ein anständiges Servicestück habe.

Der Hauptspaß war freilich, daß einer aus der zusammengewürfelten Gesellschaft einem Menschen, der irgendeine problematische Vergangenheit hatte und nichts mehr fürchtete als die Polizei, in eine Zeitung eingewickelt, die aus einem alten Adreßbuch herausgerissenen Seiten mit den Anschriften der Polizeiwachen schenkte.

Es trat eine große Stille ein, als das Geschenk überreicht wurde. Der Mann nahm das Paket mit einem etwas »kalkigen« Lächeln entgegen, begann es aufzuschnüren und blickte dabei zufällig auf das Zeitungspapier, in das die Adreßbuchblätter eingeschlagen waren.

Brecht schreibt, er habe niemals, weder vor- noch nachher, einen Menschen so lesen und anschließend so strahlend schauen sehen.

»Da lese ich eben in der Zeitung, daß die ganze Sache einfach schon lange aufgeklärt ist. Jedermann in Ohio weiß, daß ich mit der ganzen Sache nicht das geringste zu tun hatte.« Und dann lachte er, und die anderen, die begriffen, daß der Mann unter irgendeiner Beschuldigung gestanden und eben durch dieses als Einwickelpapier benutzte Zeitungsblatt erfahren hatte, daß er rehabilitiert war, fingen ebenfalls an, aus vollem Halse und »fast aus dem Herzen mitzulachen«. Dadurch kam ein großer Schwung in die Veranstaltung und es wurde ein ausgezeichnetes Weihnachten, das bis zum Morgen dauerte und alle befriedigte.

Brecht schließt: »Und bei dieser allgemeinen Befriedigung spielte es natürlich gar keine Rolle mehr, daß dieses Zeitungsblatt nicht wir ausgesucht hatten, sondern Gott.«

*

Meint er das ironisch?

Oder will er zeigen, daß dieser absolut unwahrscheinliche Zufall, weil er ein Stück trübe Welt zur Freude brachte, nicht ohne Dank – und sei es sogar Gott gegenüber – angemessen zu würdigen ist?

Aber – wenn es bei der allgemeinen Befriedigung überhaupt keine Rolle mehr spielte, daß Gott hier am Werke war, dann ist das ja fast wie bei uns zu Weihnachten.

Eine wunderschöne Geschichte im übrigen.

»Der Teufel mochte seine Hand im Spiel haben.« Ja, das gibt es, gerade am Heiligen Abend, wo jeder etwas erwartet und es doch nicht zugeben kann, und dadurch erst recht innerlich mürrisch, vielleicht sogar zynisch wird.

In dieser Geschichte geschieht ja etwas, das dem Evangelium nahe kommt: Ein Mensch wird von der Anklage, dem Schuldvorwurf und der Angst befreit, und die Freude darüber wirkt so ansteckend und das ganze Geschehen paßt so zum Weihnachtsabend, daß alle eine große Fröhlichkeit ergreift. Denn es kommt an diesem Abend ein Licht in die Finsternis eines Menschen, und plötzlich ist die Macht der Freude stärker als die niederziehende Macht von traurig machender Sehnsucht und Not.

Das ist ja auch das Entscheidende an der Krippengeschichte im elenden Stall. Wer glauben kann, daß darin Gott zwischen die Menschen in ihrer Dunkelheit gekommen ist, der begreift die weihnachtliche Botschaft: Hinter all dem, was uns bedrängt, packt Gott sein befreiendes Paket für uns. Manchmal mögen wir es nicht glauben, aber wenn es uns erreicht, dann ergreift uns eine große Freude. Krippe und Kreuz sagen: Gott ist gerade dann da, wenn du es gar nicht glauben magst. Versuch doch diese Botschaft neu zu entdecken.

Der Glanz über der Krippe

Jemand erzählte mir eine Hirtenlegende:
Eilend kamen die Hirten, um zu sehen, was ihnen der Engel kundgetan hatte. Vier waren es. Drei von ihnen bildeten unterwegs eine erwartungsvolle Gemeinschaft. Aber Benjamin ging scheu in einigem Abstand hinter den drei anderen. Er hatte vom gemeinsamen Verdienst gestohlen. Sie hatten ihn dafür fürchterlich verprügelt und aus ihrer Gemeinschaft ausgeschlossen.

Als sie nun den Stall sahen, durchfuhr es sie: Die Klarheit des Herrn, wie bei dem Engel, da war sie wieder. Dieser Glanz, der so froh machte. Knurrend sagten sie zu Benjamin: »Bleib draußen, du hast da nichts zu suchen. Du hast dich versündigt an uns und an Gott.«

Sie gingen in den Stall. Zuerst merkten sie es nicht, aber dann spürten sie, ihre Hochstimmung klang ab. Da war die junge Frau, das Kind im Futtertrog, der Mann.

»Aber wo ist der Glanz?« stammelte Michael, der älteste Hirte.

»Wie bitte?« fragte Joseph, aber es kam keine Antwort. Die Hirten schauten sich verstört an. Was hatte der Engel gesagt? Sie bekamen es nicht mehr zusammen.

»Raus hier«, sagte Michael mit rauher Stimme, »war nichts mit Heiland und Wohlgefallen.«

Draußen schaute Benjamin sie fragend an.

»Kannst reingehen«, sagte Michael, auflachend. »War nichts, da bist du zugelassen.«

Sie waren schon weit gegangen, als einer sich noch mal umschaute.

»Seht«, rief er, »der Glanz.«

Da war er wieder. Und es sang in ihnen: Euch ist heute der Heiland geboren. Als sie wieder in der Stalltür standen, sahen sie Benjamin kniend an der Krippe.

Joseph schaute sie freundlich an.

»Kommt rein«, sagte er, »ihr mußtet wohl erst noch etwas lernen.«

*

Zur Geburt Jesu, sagt diese Legende, gehört es, daß alle Menschen, auch die wir mit guten Gründen nicht mögen, zugelassen sind. Wer Christus nur für sich haben möchte, der zerstört den Glanz von Weihnachten für sich selbst.

Das mag zunächst gar nicht einsichtig sein. Denn wir sortieren doch unsere Mitmenschen danach, ob sie uns freundlich oder unfreundlich gesonnen sind, ob wir sie schätzen können oder besser Abstand von ihnen halten sollten. Auch ist die weihnachtliche Freude etwas, für das man schon aktiv einiges tun kann.

Aber wenn wir nicht begriffen haben, daß das Besondere an Weihnachten gerade darin besteht, daß

Gott zwischen die Menschen gegangen ist, die nach ihrer Selbsteinschätzung im Dunkeln sind, dann ist das Wesentliche nicht begriffen. Der Glanz von Weihnachten besteht gerade darin, daß ich mich selbst in meiner Finsternis durch dieses Kind besucht weiß und eine tiefe Nähe zu denen empfinde, die sich auf der glücklosen Seite des Lebens befinden. Es ist auch für die, die im Glück leben, gut, das zu wissen. Damit sie sich nicht auf ihre Glückssträhne verlassen, sondern auf Gott.

Das Lieblingsbild Jesu

Im Himmel ist große Beratung. Was bekommt Jesus in diesem Jahr geschenkt? Schließlich setzt sich ein Vorschlag durch: Wir suchen das schönste Bild von Jesus als Kind. Einige Engel wollen gleich losstürmen, um die entsprechenden Bilder aus den Museen zu entführen. Die Abteilung »Irdisches Recht« äußert jedoch grundsätzliche Bedenken. Also Gegenvorschlag, einige Spezialengel durchstreifen die Museen und stellen einfach himmlische Farbkopien her. Das gibt jedoch Schwierigkeiten mit der himmlischen Copyrightabteilung.

Also wird nach langer Beratung die Menge der himmlischen Heerscharen ausgesandt, um die schönsten weihnachtlichen Kunstpostkarten einzukaufen. Aber was ist alles zu Weihnachten gemalt worden. Petrus steht Kopf, als er den riesigen Stapel an Postkarten sieht. Wer soll entscheiden, welches die schönste ist? Die einen sind für Rembrandt, zumal der Künstler unter ihnen ist, andere für Picasso. Schließlich hat einer der Jungengel den rettenden Einfall: »Macht eine große Postkartenausstellung, und Jesus darf sich das schönste Bild aussuchen.« Das ist die Idee! Alle sind gespannt. Wo wird er zugreifen? Maria im Rosenhag, die berühmte Anbetung der Könige von dem Holländer van der Weyden, bei der sogar das Kreuz über der Krippe zu sehen ist?

Aber Jesus geht vorüber. Plötzlich bleibt er bei einer kleinen Photographie stehen. Einer der Jungengel hat sie, ohne die Jury zu fragen, unten in die hinterste Ecke gepinnt. »Das ist mein schönstes Kindheitsbild«, sagt Jesus. Alles stürzt hin. Petrus sagt fassungslos: »Aber Herr, das ist – der kleine Junge ist behindert. Der hat Schwierigkeiten mit seinem Kopf, seinem Verstand, und dann die häuslichen Verhältnisse. Weißt du das denn nicht?«

»Doch«, sagt Jesus, »deshalb ja«. Und lächelt. Und langsam dämmert es den Engeln: Das ist ja genauso wie damals am Anfang, als kein Raum in der Herberge war. Und ein großes Lächeln geht durch den Himmel und setzt sich fort auf der Erde, besonders bei solchen, die eigentlich nichts zu lachen haben.[6]

*

Eine schöne Legendenidee.

Das Beste an der Weihnachtsgeschichte ist nämlich, daß Christi Geburt inmitten unserer Welt geschieht und daß sie ganz unten, in elenden Verhältnissen geschieht. Die Weihnachtsfreude hält der schwierigen Welt stand, weil Gott durch Christi Geburt zeigt, daß er zu uns steht – in guten, aber auch in bösen Zeiten.

Das ist die Freudenbotschaft von Weihnachten, der Grund des vielen Guten, das in der Weihnachtszeit geschehen kann, der Grund der Weihnachtsfreude.

Wie lange sie hält? Solange wir uns an Christus halten.

Licht

Hanns Lilje, hannoverscher Landesbischof nach dem Kriege, erzählt in seinem Buch »Im finstern Tal«[7], wie er den Christabend 1944 im Gestapogefängnis in Berlin verbracht hat, in dem er und viele Männer des 20. Juli saßen:
An diesem Abend »hörte ich draußen hallend meine Zellennummer rufen. Wenn sonst dieser Ruf durch die hohe Halle des Gefängnisflügels schallte, pflegte er kaum etwas Gutes zu bedeuten – Verhöre, Mißhandlungen, Abtransport oder noch Schlimmeres. Obwohl ich immer auf alles gefaßt war, konnte ich mir eigentlich für diesen Abend nicht gerade etwas besonders Schreckliches vorstellen, folgte aber dem Posten, der mich aus meiner im dritten Stock gelegenen Zelle nach unten führte. Ich wurde zum Kommandanten gebracht; nach seiner Gewohnheit sagte er kein Wort, sondern ging zu einer anderen Zelle voran. »Bringen Sie Nr. 212 auch her!« sagte er dem Posten, ehe er die Zelle betrat. Als sich die schwere Zellentür öffnete, erhob sich ein Mann, den ich wegen der auffallenden Ähnlichkeit sofort als den Grafen X erkannte. Sein Bruder, einer der ersten Verurteilten vom 20. Juli, hatte unmittelbar vor seiner Hinrichtung gebeten, ich möch-

te ihm das Abendmahl reichen – eine Bitte, die natürlich abgeschlagen wurde. Er war einer der treuesten Besucher gewesen und hatte noch am Sonntag vor seiner Verhaftung am Gottesdienst und Abendmahl teilgenommen.

Ganz spontan und die Situation völlig außer acht lassend, hatte ich X auf diese Erinnerung hin angesprochen, als mich der Kommandant barsch unterbrach: »Ich habe die Herren hier nicht zu persönlicher Unterhaltung zusammengebeten«, und dann fortfuhr: »Sie haben gebeten, daß der Divisionspfarrer Y, Ihr Freund, Sie heute abend seelsorgerlich besuchen möchte. Diese Bitte habe ich Ihnen leider nicht erfüllen können, aber hier ist Dr. L., der einige Worte an Sie richten wird.« Das war die erste Mitteilung über das, was von mir erwartet wurde. Der Graf sagte, daß er eigentlich beichten und das Abendmahl hätte halten wollen. Ich sagte sofort, daß ich auch dazu bereit sei, und der Kommandant widersprach nicht. Ein kleiner, silberner Becher war da, ein wenig Wein und etwas Weißbrot, von dem ich die Hostien schnitt. Inzwischen war auch »Nr. 212« hergeführt, es war der zum Tode verurteilte Geigenspieler. Der Posten wurde wieder hinausgeschickt, so waren wir vier Männer in der Zelle.

Der Violinist spielte auf Befehl des Kommandanten einen Weihnachtschoral, mehrstimmig und wundervoll, und ich las – in dieser Zelle und vor dieser »Gemeinde«! – das Weihnachtsevangelium: »Es begab sich aber zu der Zeit …« Dann spielte der Geiger noch einen Weihnachtschoral, und ich hatte in der Zwischenzeit meine Gedanken soweit ordnen können, daß ich einige Worte über das Prophetenwort sprechen konnte, das mein Nachdenken ganz erfüllt hatte, als ich gerufen wurde. Ich habe meinem mitgefangenen Bruder gesagt, daß heute abend *wir* eine Gemeinde seien und daß uns dies große Wort der Verheißung Gottes genau so gelte wie denen vor einem Jahre (unter denen sein Bruder noch gewesen war) und allen, die es in diesem Jahre im Glauben vernähmen; und daß es nun darauf ankäme, daß wir im festen Glauben diese Verheißung hinnähmen, daß Gott, der in Jesus Christus der im Todesdunkel versinkenden Welt das ewige Licht habe aufgehen lassen, es auch für uns scheinen lassen werde. Jetzt hätten wir in unseren Zellen so gut wie nichts mehr von alledem, was früher das Weihnachtsfest für die Menschen vertraut und gemütvoll gemacht hätte, nun sei nur noch dies eine übriggeblieben – Gottes große Verheißung; daran wollten wir uns halten und ihn mitten in der Dunkelheit, Ungewißheit und Todverfallenheit unserer Zeit durch einen festen und unerschütterlichen Glauben an seine Zusage preisen. Und dann kniete er mitten in der Zelle auf dem harten, kalten Boden nieder, und während ich das von ihm selbst ausgewählte schöne alte Beichtgebet aus Thomas a Kempis betete und ihm die Absolution zusprach, rannen lautlos und unablässig die Tränen seine Wangen hinab. Aber es war eine ganz stille und getroste Abendmahlsfeier, und der Trost der göttlichen Verheißung lag spürbar über dieser weihnachtlichen Stunde in der Zelle des Gestapo-Gefängnisses zu Berlin. Ja, der Friede Gottes war wirklich und gegenwärtig – »wie man eine Hand fühlt«.

Da der Kommandant, der sichtlich alles ohne irgendeine Genehmigung, allein auf seine persönliche Verantwortung zugelassen hatte, kein weiteres, persönliches Gespräch erlaubte, bin ich nach einem

Schlußchoral des Geigers mit einem festen Händedruck geschieden: »Gott segne Sie, Bruder X!« Draußen ergriff der Kommandant zweimal mit eisernem Händedruck meine Hand und sagte, während es ihm feucht in die Augen stieg: »Ich danke Ihnen. Sie können es nicht ahnen, was Sie mir mit diesem Abend für mein schweres, trauriges Tagewerk gegeben haben!«

Ich wurde sofort wieder in meine Zelle geführt, aber ich habe Gott gepriesen, jawohl von Herzen gepriesen, daß auch in diesem Hause der Todesschatten und der vielfältigen Not eine Weihnachtsgemeinde gewesen war. Denn es kann viel äußerer Festglanz, schimmernder Trubel und bürgerliches Wohlbehagen da sein und doch keine Christfestgemeinde, und es kann unter Todesnot und viel Herzensangst doch eine Christusgemeinde zu Weihnachten beieinander sein. Die Kerzen und alle menschlichen Lichter können unsere Augen blenden, so daß sie das Wesentliche an Weihnachten gar nicht mehr zu sehen vermögen, aber das Volk, das im Finstern wandelt, kann es vielleicht besser erkennen als alle, die im irdischen Lichterglanz stehen.«

*

Man kann sich dieser Schilderung Hanns Liljes nur schwer entziehen. Das ist Weihnachten. Das Licht kam in die Finsternis. Wir leben heute – Gott sei Dank – in anderen Zeiten. Und doch erfährt jeder etwas von der Zerrissenheit unserer Welt. Wir leben in unseren Gefangenschaften und können nicht einfach aussteigen.

Wer Verantwortung hat, steht oft in Entscheidungszwängen, die für ihn schlimm sind. Wer Arbeit sucht oder um seinen Arbeitsplatz bangt, erfährt eine Hilflosigkeit, die ihm die Lebensfreude nimmt. Wer krank oder bedrückt ist, kennt das. Das Geheimnis der Christnacht liegt in der Entmachtung dieser Gefangenschaften. Gott geht in die Gefangenschaft unserer Verhältnisse hinein. Christus, der Herr, am Rande der Straße geboren, stirbt am Kreuz. Dadurch kommt Gottes Glanz mitten in unsere zerrissene Welt. Krippe und Kreuz sagen: Gott ist bei euch in allen finsteren Tälern und Gefangenschaften dieser Erde. Ihr seid nie mehr verlassen. Ihr habt, ganz gleich, wie verloren ihr euch empfindet, eine unverlierbare Würde und Heimat.

Deshalb ist Christi Geburt für den, der sie begreift, kein Zuckerguß über einer zerrissenen Welt. Die Christnacht zeigt den Grund unseres Gottvertrauens. Daraus erwachsen Zuversicht und Freiheit. Weihnachten bringt eine tiefe innere Freude und die Kraft, die Spielräume der Menschlichkeit auch in mühsameren Zeiten zu nutzen.

Das Lachen Gottes

Friede auf Erden den Menschen Seines Wohlgefallens. Diese weihnachtliche Botschaft erklingt mitten in der Hektik der Weihnachtswochen, angesichts unserer Konflikte im persönlichen und gesellschaftlichen Nahbereich, im Hinblick auf die Chancen des Friedens im Nahen Osten, im Kosovo und anderswo.

Wem gilt der Friede? Den Menschen des göttlichen Wohlgefallens. Nach Jesu Worten sind das jene, die mühselig und beladen sind, die mit leeren Händen dastehen, die geistlich arm sind, die den guten Willen nicht haben.

Deshalb ist es gut, zu Weihnachten auf die »unregelmäßigen Verben«, auch auf das Lächerliche, das Geringe zu achten, weil es dem inneren und äußeren Frieden dienen kann.

James Krüss erzählt vom Heiligen Abend 1917 an der Westfront, daß auf beiden Seiten ohne besondere Verabredung Waffenruhe herrschte. Nur ein algerisches Regiment auf französischer Seite hatte diese stumme Absprache mangels christlicher Erfahrung nicht mitbekommen. So beschossen sie mit Artillerie und Handfeuerwaffen wie jeden Tag die deutschen Schützengräben, und das gegenüberliegende deutsche

Regiment, empört über die Mißachtung des ungeschriebenen Gesetzes, feuerte zornig zurück. Das sorgfältig eingeübte Umbringen von Menschen, das man Krieg nennt, nahm auf diese Weise auch am Heiligen Abend seinen blutigen Fortgang.

In einem Grabenstück ganz vorne, gegen Einschläge der feindlichen Artillerie ziemlich abgesichert, war an diesem Abend ein kleiner dicker Berliner Konditor mit Namen Alfred Kornitzke damit beschäftigt, Marzipan für seine Kompanie herzustellen. Die Mandeln hackte er mangels Mandelmühle mit dem Seitengewehr aufs sorgfältigste klein. Den störte diese unzeitgemäße Artillerieballerei gewaltig.

Als wieder ein Einschlag alles erschütterte, wurde er so wütend, daß er in Richtung auf die gegnerischen Linien brüllte: »Det reicht mir, Jeschäftsfreunde! Weihnachten ist Weihnachten, und Marzipan ist Marzipan. Ick laß mir det nich von euch vermiesen!«

Ehe seine Kameraden ihn begriffen, hatte er, seine große Bäckermütze auf dem Kopf und einen kleinen kerzenbesteckten Tannenbaum in der Hand, den Grabenrand erklommen und stand auf dem freien Feld, für jeden sichtbar und ohne Schutz vor den feindlichen Kugeln.

Beide Seiten trauten ihren Augen nicht. Ein Soldat mit Bäckermütze und Tannenbaum lief auf die feindliche Linie zu. Die Schießerei erstarb sofort. Kornitzke, zwischen den Fronten, stellte den Baum hin und zündete die Kerzen an. Auch die Artillerie hatte inzwischen ihr Schießen eingestellt, und man konnte auf beiden Seiten deutlich hören, wie er brüllte: »Na also, ihr Dösköppe, jetzt wißt ihr, wat los is! Fröhliche Weihnachten!«

Dann ging er zurück, turnte wieder in seinen Graben und widmete sich nun ungestört der Marzipanherstellung. Das Bäumchen zwischen den Fronten strahlte lange und gab den Militärpfarrern für ihre Predigten in den nächsten Tagen guten Stoff. Auf diese Weise wurde die Geschichte sehr bekannt und der rasende Marzipanbäcker Kornitzke wurde zum frommen Friedenshelden, was er, bei Licht besehen, nur in gewisser Weise war. Denn eigentlich ging es ihm ja um die ungestörte Marzipanherstellung am Heiligen Abend.[8]

*

Solch eine Geschichte darf nicht zur Verharmlosung des Krieges führen. Hinterher ging das Blutvergießen ungebremst weiter. Dennoch scheint etwas vom Licht der Freundlichkeit Gottes, ja von der Freude und vom Lachen Gottes durch solch eine Erzählung. Wie gut wäre es, wenn sich das Weihnachtsfest als eine listige Gelegenheit zum Waffenstillstand, vielleicht sogar zum Frieden, gar zum inneren Frieden in unserer Zeit, in unseren Familien zeigte.

Gott schreibt auch auf krummen Linien gerade. In Jesus aus Nazareth und Bethlehem teilt Gott die Mehrdeutigkeit unseres Lebens und Glaubens, unsere Gottverlassenheit. Das Kind in der Krippe, am Rande der Straße, in der Ungeborgenheit, zeigt, daß Gott uns gerade dort ganz nahe ist, wo wir der Angst um uns selbst zu erliegen drohen.

Das beste Geschenk

Die letzten Geschenke sind zu besorgen. Weihnachten feiern wir, weil Gott sich selbst in diesem Jesuskind uns schenkt. Wir schenken, weil wir Beschenkte sind. Das ist eine steile Wahrheit. Das, was in diesen Tagen noch zu machen ist, wirkt demgegenüber schlichter.

»Ich hab immer noch nichts für meine Frau«, sagt einer.

»Frag sie doch, was sie sich wünscht«, rät ihm ein anderer.

»Nee«, sagt der erste, »so teuer darf es nicht werden.«

Wir haben bei uns zu Hause eine alte, jedes Jahr wieder benutzte Papptafel, da stehen sie alle drauf, die Tanten, die Freunde, die Bedürftigen, alle, die etwas bekommen sollen. Geschenke sind wichtig:

– für die Konjunktur, damit sie nicht total absackt;

– für die mitmenschlichen Beziehungen, damit sie gestärkt werden;

– für die weihnachtliche Freude, die der Sinn des Ganzen ist.

Manche meinen, es sei christlich, wenn man das Schenken in Mißkredit bringt. Das geht gegen die gedankenlose Schenkerei. Die ist nichts wert, selbst wenn das Geschenkte teuer und wertvoll ist. Aber ich bin sehr fürs Schenken, wenn es aus dem Nachdenken über den Beschenkten erwächst. Es muß etwas Persönliches von mir mit drin sein. Geschenke sollen ja eigentlich nur zeigen, ich habe – echt! – an dich unverwechselbaren Menschen gedacht.

Haben denn aber die Geschenke etwas zu tun mit dem einen Geschenk des Krippenkindes? Sie sind wie ein sehr fernes – manchmal schon nicht mehr hörbares – Echo damit verbunden. Die Jüngerinnen und Jünger damals hatten sich ja zuerst für den predigenden und helfenden Jesus begeistert. Dann haben sie mühsam durch Ostern begriffen, daß auch der gekreuzigte Christus ein Gottesgeschenk ist. »Für dich gestorben« heißt, selbst wenn ich durch Schuld und Schicksal total fertig bin, dieser Christus steht bei mir als Ereignis der Gottesnähe. Dann haben sie, diese frühen Christen, die Geburtsgeschichten zu erzählen begonnen und das Geheimnis dieses Gottesgeschenkes bestaunt und gefeiert. Und wer sich in das, was da in Bethlehem begonnen hat, hineindenkt, erfährt eine tiefe Gelassenheit im Herzen. Du kommst nie zu kurz, heißt die Botschaft. Nimm dir Zeit, an die anderen zu denken. Es wird dir etwas Gutes für sie einfallen.

Smoke

SMOKE heißt der Film: Rauch. Ein wunderbar poetischer, zum Nachdenken anregender Film, der mit einer Weihnachtsgeschichte schließt. Er zeichnet die Geschichte völlig unterschiedlicher Menschen, deren Lebenswege sich in einem Zigarrenladen in Brooklyn kreuzen.

SMOKE. Damit kann der Zigarrenrauch gemeint sein.

Es steht aber auch im Jakobusbrief: »Was ist euer Leben? Ein Rauch seid ihr, der eine kleine Zeit bleibt und bald vergeht« (4,14).

Ein Rauch sind wir. SMOKE.

Der Film erzählt Geschichten um einen Menschen namens Auggi, der Zigarren im Zigarrenladen an der großen Kreuzung verkauft und vielen Menschen begegnet.

Paul Auster, der Verfasser des Drehbuchs, erzählt, daß er eines Tages für die New York Times zugesagt hatte, eine Weihnachtsgeschichte zu schreiben, eine short story zum Christfest. Und ihm fällt nichts ein. Schließlich, nach Tagen, geht er in den Zigarrenladen, um seinen Vorrat an Zigarren wieder aufzufüllen.

Auggi stand wie immer hinter dem Ladentisch. Paul Auster kannte ihn schon eine Weile. Auggi hatte die verrückte Angewohnheit, seit zwölf Jahren jeden Tag morgens um acht Uhr mit seiner sehr schönen Kamera die Kreuzung und seinen Laden zu fotografieren. Jeden Morgen immer dasselbe Bild, dieselbe Einstellung; allerdings an jedem Tage anders, mit und ohne Sonne, bei Regen und Schnee. Alltags mit den Leuten, die zur Arbeit streben, und sonntags wieder anders als sonnabends. Jedes Bild sorgfältig eingeklebt in ein Jahresalbum und mit Datum versehen. Seit zwölf Jahren, über 4000 Bilder.

Das unaufhörliche Fortschreiten der Zeit täglich dokumentiert. Fast wie ein Auge Gottes.

Diesem Zigarrenverkäufer Auggi klagt nun Paul sein Leid. Und der sagt: »Eine Weihnachtsgeschichte suchen Sie? Ist das alles? Wenn Sie mir ein Essen spendieren, erzähle ich Ihnen die beste Weihnachtsgeschichte, die Sie je gehört haben.« Und dann sieht man in dem Film eine lange Zeit nur noch diesen erzählenden Auggi.

Der Zigarrenverkäufer erzählt von einem Dieb, der ihm in seinem Laden einige Pornohefte vom Ständer stiehlt. Ein junger Mann. Er beschreibt, wie er den Mann verfolgt, ihn aber nicht schnappt und nur dessen Brieftasche findet. Die aber zeigt, wer er ist. Führerschein und Fotos, Adresse. Ein Bild mit einer alten Frau im Arm. Robert Goodwin heißt der Knabe. Der Zigarrenhändler verspürt keine Lust, den Jungen anzuzeigen, weil er doch einen ärmlichen Eindruck macht.

Dann wird es Weihnachten. Auggi erzählt: »Normalerweise lädt mich der Chef an diesem Tag zu sich nach Hause ein, aber in diesem Jahr war er bei Verwandten in Florida. Was sollte ich an diesem Weihnachtsfest machen? Plötzlich sah ich Robert Goodwins Brieftasche auf dem Regal in der Küche liegen. Ich dachte: ›Warum, zum Teufel, nicht ausnahmsweise mal was Nettes tun?‹ Also machte ich mich auf den Weg zu der Adresse, die in der Brieftasche des Ladendiebes steht, fand die Wohnung nach einigem Suchen, klingelte.

Eine alte Frauenstimme fragte, wer da ist, und« – so erzählt Auggi – »ich sagte: ›Ich möchte zu Robert Goodwin.‹ – ›Bist du das, Robert?‹ fragte die alte Frau, die ihn offenbar nicht richtig verstanden hatte und öffnete die Tür. Sie mußte mindestens 80 Jahre alt sein, wenn nicht 90, und sie war blind. ›Robert‹, sagte sie, ›ich wußte, du würdest deine Oma Ethel zu Weihnachten nicht vergessen‹, und dann breitete sie die Arme aus, als ob sie mich an sich drücken will. Ich hatte nicht viel Zeit zum Denken. Ich mußte ganz schnell etwas sagen, und ehe ich wußte, wie mir geschah, hörte ich die Worte aus meinem Munde kommen: ›Ja, Oma Ethel‹, sage ich, ›ich bin zurückgekommen, um dich an Weihnachten zu besuchen.‹ Fragen sie mich nicht, warum ich das getan habe. Ich habe keine Ahnung. Plötzlich hat diese Frau mich vor ihrer Tür in die Arme genommen und ich habe sie an mich gedrückt. Daß ich ihr Enkel sei, habe ich nicht direkt gesagt. Aber sie hat es so aufgefaßt. Ich wollte sie bestimmt nicht reinlegen.

Nachher war es wie ein Spiel, für das wir uns beide entschieden hatten. Ich meine, diese Frau hat bald gewußt, daß ich nicht ihr Enkel Robert war. Sie war alt und klapprig, aber sie war nicht so weit weggetreten, daß sie den Unterschied zwischen einem Fremden und ihrem Enkel nicht gemerkt hätte. Aber es hat sie glücklich gemacht, so zu tun als ob, und da ich sowieso nichts Besseres zu tun hatte, habe ich gern mitgespielt.«

Und dann erzählt Auggi, wie sie den ganzen Tag zusammen waren. Er erzählte ihr, er, »Robert«, hätte einen schönen Arbeitsplatz in einem Zigarrenladen gefunden, würde demnächst heiraten und hundert andere nette Geschichten, und sie hat so getan, als ob sie ihm jedes Wort glauben würde. »Wie schön, Robert«, hat sie gesagt und jedesmal lächelnd genickt. »Ich habe ja immer gewußt, daß du es zu etwas bringen würdest.«

Auggi aber machte die Wohnung sauber, kaufte etwas zum Essen ein. Oma Ethel fand noch einige Weinflaschen im Schlafzimmer. Nach dem Essen mußte Auggi mal verschwinden. Auf der Toilette entdeckte er neben der Dusche sechs oder sieben nagelneue teure Spiegelreflexkameras aufgestapelt. Noch in Originalverpackung. Der wirkliche Robert Goodwin hatte Omas Toilette offenbar als Diebeslager genutzt. Ohne viel nachzudenken, nahm Auggi sich eine der Packungen. Hat sich sich eine der gestohlenen Kameras gestohlen. Auggi sagt, er habe sich das nie verziehen, aber er habe es gemacht. Als er wieder ins Zimmer kam, war Oma Ethel in ihrem Sessel eingeschlafen.

»Sie zu wecken«, erzählt Auggi, »schien mir völlig überflüssig, also beschloß ich zu gehen. Ich habe dann in der Küche noch den Abwasch gemacht, und sie hat bei dem ganzen Lärm weitergeschlafen und geschnarcht wie ein satter Säugling. Ich konnte ihr nicht einmal einen Brief zum Abschied schreiben, sie war ja blind, so bin ich einfach gegangen. Die Brieftasche ihres Enkels ließ ich einfach auf dem Tisch, dann nahm ich die Kamera und ging aus der Wohnung.«

»Haben Sie die Frau noch einmal besucht?« fragt Paul. »Ja, drei oder vier Monate danach. Aber Ethel war nicht mehr da. Jemand anders war in die Wohnung gezogen und wußte nichts davon. Wahrscheinlich ist sie gestorben. Tja, wahrscheinlich.«

»Das heißt, sie hat ihr letztes Weihnachtsfest mit Ihnen verbracht.«

»Anzunehmen«, sagt Auggi, »so habe ich es noch nie gesehen.«

»Das war eine gute Tat, Auggi.«

»Ich habe sie angelogen, dann habe ich sie bestohlen. Ich verstehe nicht, wie Sie das eine gute Tat nennen können.«

»Sie haben sie glücklich gemacht. Und die Kamera war sowieso gestohlen. Und Sie haben sie ja jetzt zwölf Jahre für die Kunst oder für mehr verwendet.«

»Naja«, sagte Auggi, »jedenfalls haben Sie jetzt Ihre Weihnachtsgeschichte.«[9]

*

Und wir haben auch eine Weihnachtsgeschichte. Eine Geschichte, die etwas atmet von dem Geheimnis des Weihnachtsfestes: »Christus ist geoffenbart im Fleisch« (1. Timotheus 3,16). Ein altmodischer Ausdruck. Er ist Mensch geworden, er ist zwischen normale menschliche Verhältnisse geraten. Weil es Weihnachten ist, machen zwei einsame Menschen dieses

Spiel, ein vom weihnachtlichen Glanz berührtes Spiel. »Christus ist geoffenbart im Fleisch,« in den Niederungen und Widersprüchlichkeiten unseres Lebens.

Die Menschen werden nicht schnell mal zu besseren Menschen. Auch Weihnachten nicht. Sie bleiben fehlbare Menschen. Immerhin schön, daß sich Auggi Gewissensbisse macht wegen der gestohlenen Kamera und sie – deshalb sicherlich auch – für einen fast religiösen Zweck benutzt, nämlich um die Zeit zu fotografieren, die Gott uns gibt.

Trotzdem eine merkwürdige und zugleich realistische Mischung: gutes Werk und Diebstahl zugleich.

Aber zwischen die alltägliche Mischung unserer Probleme kommt ein ferner Abglanz der weihnachtlichen, die Menschen verändernden Freude. Es wird etwas aufgedeckt von dem Goldgrund, der unser Leben trägt oder tragen kann.

Wie in Auggis Geschichte mischt sich zu Weihnachten auch in unseren Gefühlen und Erwartungen mancherlei: die Freude am Schenken mit hektischer Kaufwut; die Unterdrückung des Familienkrachs mit der Sehnsucht nach weihnachtlicher Harmonie; die Abschottung gegen fremdes Elend mit der Bereitschaft, für Brot für die Welt zu spenden. Solche Mischungen sind wertvoll, weil sie Gott und Mensch, Gotteserfahrung und Alltagserfahrung zusammenbringen. Das weihnachtliche Bild des göttlichen Kindes im elenden Stall und in der Futterkrippe enthält genau diese Mischung. Und überall, wo Christus wirklich dazwischen gerät, bleibt nichts, wie es war, kommt Licht in eine Finsternis.

Ernst Bloch, der Philosoph, berichtet von einem Rabbi, der gesagt hat: »Um das Reich des Friedens herzustellen, werden nicht alle Dinge zu zerstören sein und eine ganz neue Welt fängt an; sondern diese Tasse oder jener Strauch und jener Stein und so alle Dinge sind nur ein wenig zu verrücken. Weil aber dieses Wenige so schwer zu tun und sein Maß so schwierig zu finden ist, können das, was die Welt angeht, nicht die Menschen, sondern dazu kommt der Messias.«[10]

Was müßte bei uns wohl nur ein wenig verschoben werden, besonders in den Herzen der Menschen?

Nun aber ist Christus erschienen im Fleisch. Das heißt, Gott ist mit dabei, er teilt in diesem Jesus aus Nazareth unser Leben, auch in Situationen, die uns nur Angst machen können. Gott sagt durch diese Geburt: Ich bin mit euch in eurem Alltag mit allen seinen schwierigen Gemengelagen. Ihr könnt ein ganzes Stück zuversichtlicher sein. Ihr braucht nicht dauernd deprimiert auf die Reparaturbedürftigkeit eures Lebens zu starren, ihr braucht nicht aus der Angst zu leben, ihr kämt zu kurz. Im Gegenteil, ihr könnt euch, wenn ihr Weihnachten begreift, einen Augenblick sogar selbst vergessen, und, wenn es zum menschenfreundlichen Spiel paßt, einen anderen Menschen froh machen, manchmal, wie man in dieser Filmgeschichte sieht, auf ganz verrückte Weise.

Denn das Besondere an Weihnachten ist ja, daß uns ein ziemlich ver-rücktes Erzählstück zugemutet wird. Alles scheint in Unordnung zu sein bei diesem Jesus, am Anfang der Stall, am Ende der Galgen (Walter Jens), und so Gottes Wort in Person (Gerhard Ebeling). Und doch ist gerade darin die messianische Verrückung der Dinge angedeutet. Die Behauptung, Gott sei in der kümmerlichen Geburt wie auch im unzeitgemäßen, unwürdigen Ende anwesend, trägt unser Leben, nein, unsere Angst auf umfassende Weise. Christus hat dem Elend und dem Tod die Macht genommen, uns das Leben zu verderben. Das ist der Grund unserer Freude.

Wozu ist Weihnachten da?

»Wofür ist die Kirche eigentlich da?«, fragte mich jetzt eine Politikerin im Fernsehen angriffslustig. Ich sagte spontan: »Damit durch die Botschaft von Christus Menschen innerlich stabil werden und sich nicht durch jedes widrige Lüftchen umpusten oder verrückt machen lassen.«

Weiß man das bei uns? Ich behaupte, Heiligabend ahnen das viele Menschen. Sonst würden sie nicht in solchen Massen in die Kirchen drängen. Weihnachten ist tief in unserer Kultur verankert. Sicherlich empfinden viele, daß durch die vorweihnachtliche Hektik und den gesellschaftlichen Druck, ordentliche Geschenke zu machen, der Sinn des Weihnachtsfestes verfälscht wird. Das ist nicht falsch. Dennoch »funktioniert« auch dieses Schenken nur dann, wenn wir uns auf die Menschen einstellen. Ich muß doch wissen, was den anderen erfreut. Darin liegt – in welcher Verdünnung auch immer – ein Reflex des eigentlichen weihnachtlichen Geschenks: der Geburt des Gottessohnes.

Wofür ist die Kirche da? Welche Botschaft transportiert Weihnachten? Die Geburt Jesu ist eine Geschichte, die aus dem tiefen Staunen kommt. Man muß, wenn man Weihnachten verstehen will, bei

Ostern und seiner Vorgeschichte ansetzen. Da haben Menschen um jenen Jesus aus Nazareth gespürt: In ihm wird der Grund unseres Schicksals – Gott selbst – erfahrbar. Wenn er redet, ist es, als spräche Gott selbst. Setzt er sich zu Verachteten, leuchtet Gottes Freundlichkeit in ihrer Dunkelheit auf.

Aber dann mußte er selbst ins Dunkel, wurde festgenommen, gefoltert, gekreuzigt. Kann ein so Gescheiterter Gott verkörpern? Die Jünger flüchteten, die Frauen um Jesus warteten ab. Aber das Spiel schien aus zu sein. Bis das Licht des Ostermorgens aufleuchtete. In den österlichen Erscheinungen des Auferstandenen begriffen die Menschen um Jesus nach und nach, daß Gott ihn am Kreuz nicht verlassen hatte, sondern in ihm zu den Allerelendesten ging. Wozu? Damit klar ist, Gottes Liebe gilt mir auch, wenn ich ganz verloren bin. Jesus ist für mich gestorben. Das war die große Erkenntnis. Das 53. Kapitel des Propheten Jesaja hat viel dazu geholfen. Und nun beginnt das große Staunen. Kommt Gott so zur Welt?

Aus diesem Staunen heraus ist die Geburt im Stall erzählt. Gott kommt in kümmerlichste menschliche Verhältnisse, damit wir etwas über uns lernen: Nicht mehr die Angst, zu kurz zu kommen, muß regieren. Du mußt dein Leben nicht selbst sinnvoll machen. Es ist durch die in Jesus Christus zugesprochene Nähe Gottes in Krippe und Kreuz längst als bejahtes und bejahungswertes Leben anerkannt. Das heißt, du darfst – bevor du irgendeine Lebensleistung vollbracht hast und unabhängig davon – darauf setzen, daß du als Person Ansehen hast. So wie dieses Christuskind Ansehen hat. Das Kind in der Krippe ist die ausdrückliche Bejahung des menschlichen Wesens in seiner Kümmerlichkeit, Unvollkommenheit und Schuldverflochtenheit. Nicht, damit alles so bleibt, sondern damit wir, vorlaufend in der Taufe akzeptiert, die innere Stabilität und Gelassenheit haben, um aufgrund der geglaubten Liebe Gottes dieses und jenes in unserer Welt zum Guten wenden zu können. Darüber staunen wir zu Weihnachten, das feiern wir. Das will sich uns ins Herz senken, uns frei und den Menschen freundlich zugewandt machen.

Dazu ist Weihnachten da, die Kirche, die Christenmenschen.

Kein Raum in der Herberge

Das hat die Menschen in allen Zeiten aufgeregt, daß es da heißt: »Sie hatten sonst keinen Raum in der Herberge.« Ausgerechnet dieser Mensch, in dem Gott erschienen ist, findet keinen Raum in der Herberge und muß in die Notunterkunft, ins Provisorium, in den Stall mit der Futterkrippe, draußen vor die Tür. Und wer sich auskennt, weiß, diesem Anfang entspricht das Ende: Draußen vor der Stadt wird er gekreuzigt.

Keine Herberge. Das spricht eine tiefe Angst in uns an: unbehaust zu sein, unstet und flüchtig, keinen Ort zu haben, um mein Haupt hinlegen zu können. Niemand braucht mich. Diese Angst ist eine menschliche Grundbefindlichkeit, in der sich jeder vorfindet. Und die Geschichten, die zu Weihnachten vorgelesen werden, reflektieren immer wieder diese Urerfahrung des Menschen.

Die Weihnachtsgeschichte sagt: In dem Jesuskind teilt Gott diese Angst mit uns. Ist das eine für unsere modernen Zeiten sinnvolle Aussage?

Ich denke an das Unglück von Eschede. Ich sehe noch die Menschen vor mir, mit denen ich vor dem Trauergottesdienst in Celle sprach: Der Mann, den ich kannte, der seine Frau verlor; die Türkin, deren Mann aus dem Zug mit ihr telefonierte – und dann riß die Verbindung ab; der Mann, dessen Anzeige ich gelesen hatte, der nun ohne seine Frau und die beiden Töchter leben muß. Die vielen, vielen anderen Schicksale. Ich denke an das Weihnachten der Betroffenen, an die inneren Erschütterungen der Helfer, an die an dem Unglück Mitverantwortlichen.

Sie hatten keinen Raum in der Herberge der Technik. Wir verdrängen das schnell wieder. Aber es gibt Augenblicke, da spüren wir etwas von der Bodenlosigkeit unseres Lebens. Wir können sehr viel in unserer wissenschaftlich-technischen Welt machen, und das ist gut und staunenswert. Aber wenn – wie bei solchen Ereignissen – diese Brüchigkeit erkannt wird, dann ist die Frage nach dem darüber hinausgehenden letzten Halt unabweisbar.

In dem Trauergottesdienst hatte ich von der Frage nach dem Warum gesprochen, die wir an Gott richten. Mir haben viele Menschen geschrieben, die das verstanden. Aber einige schrieben: »Warum reden Sie von Gott? Reden sie von den Menschen, die haben Schuld.« Ich habe zurückgeschrieben: »Verantwortung haben wir sicher, aber es gibt Ereignisse, bei denen wäre es angesichts der Vielschichtigkeit der Ursachen und ihrer Verknüpfung viel zu harmlos, Menschen allein zu Schuldigen zu machen. Da ist zuviel Schicksal mit drin.«

Selbst »Der Spiegel« schrieb von den Mächten des Schicksals, denen es die Deutsche Bahn AG zu danken habe, daß der Nord-Süd-ICE einige Augenblicke vor dem Unglück die Stelle passierte. Nein, es ist richtig, diese letzte Ungesichertheit des Menschen in dieser

Welt wahrzunehmen und ihr standzuhalten zu versuchen.

Wenn man sich in Abläufe hineindenkt, in denen Schuld und Schicksal sich so zum bösen Verlauf verknüpfen, daß man nicht weiß, ob der Teufel oder der Irrsinn die Welt regieren, kann einem der Kaiser Augustus einfallen. Dieser mächtige Mann in Rom braucht Geld, so wird es erzählt, er setzt eine neue Steuerveranlagung in Gang, man sieht, daß er die Dinge in seinem Reich bestimmt. Aber als entscheidende Nebenwirkung wird dadurch ausgelöst, daß dieses junge Paar auf die Reise geht und Gottes Sohn bestimmungsgemäß in Bethlehem, wenn auch draußen vor der Tür, geboren wird. Die Aussage der Erzählung lautet: Sei vorsichtig bei der Betrachtung solcher Abläufe in der Geschichte. Vieles verstehen wir nicht. Aber in, mit und unter dem Tun des Menschen ziehen sich die unsichtbaren Wege des göttlichen Handelns durch die Ereignisse. Hast du's nicht selbst schon gemerkt?

Weihnachten hat etwas zu tun mit unserer Angst, in der Welt heimatlos zu sein. In seinem Werk »Siebenkäs« hat Jean Paul im Jahre 1796 mit einem fast surrealistisch anmutenden Text die Verlorenheit des modernen Menschen vorweggenommen. Siebenkäs träumt, er erwache auf dem Friedhof, der jüngste Tag ist gekommen, die Toten stehen auf: »Jetzo sank eine hohe edle Gestalt mit einem unvergänglichen Schmerz aus der Höhe auf den Altar hernieder und alle Toten riefen: ›Christus! ist kein Gott?‹ Er antwortete: ›Es ist keiner.‹ Christus fuhr fort: ›Ich ging durch die Welten, ich stieg in die Sonnen und flog mit den Milchstraßen durch die Wüsten des Himmels, aber es ist kein Gott … Und als ich aufblickte zur unermeßlichen Welt nach dem göttlichen Auge, starrte sie mich mit einer leeren bodenlosen Augenhöhle an; und die Ewigkeit lag auf dem Chaos und zernagte es und wiederkäuete sich‹ … da kamen die gestorbenen Kinder … ›Jesus haben wir keinen Vater?‹ und er antwortete … ›Wir sind alle Waisen, ich und ihr, wir sind ohne Vater.‹ … Und als Christus das reibende Gedränge der Welten, den Fackeltanz der himmlischen Irrlichter und die Korallenbänke schlagender Herzen sah, und als er sah, wie eine Weltkugel um die andere ihre glimmenden Seelen auf das Totenmeer ausschüttete … so hob er groß wie der höchste Endliche die Augen empor gegen das Nichts … und sagte: ›Starres stummes Nichts … Wahnsinniger Zufall! Kennt ihr das unter euch? … Zufall, weißt du selber, wenn du mit Orkanen durch das Sternenschneegestöber schreitest und eine Sonne um die andere auswehest … Wie ist jeder so allein in der weiten Leichengruft des Alls! Ich bin nur neben mir – o Vater! O Vater! Wo ist deine unendliche Brust, daß ich an ihr ruhe? – Ach, wenn jedes Ich sein eigener Vater und Schöpfer ist, warum kann es nicht auch sein eigener Würgeengel sein?‹« Siebenkäs erwacht schließlich wieder: »Und meine Seele weinte vor Freude, daß sie wieder Gott anbeten konnte.«[11]

Das sind Gedanken, die uns angesichts der Forschungen und Entdeckungen in unserer Zeit nicht fremd sind. Was soll diese wahnsinnige Welt? Man kann sie fantasievoll mit Science-fiction-Figuren bevölkern und sich solchen Fragen entziehen. Oder den Weltenraum mit New-Age-Fantasien und göttlichen Kräften anreichern. Aber die Frage bleibt: Sind wir nicht doch letztlich allein? Ohne eine letzte Herberge? Auf provisorische Ställe ohne Sinn angewiesen?

»Wahnsinniger Zufall! Kennt ihr das unter euch?« schreibt Jean Paul. Jeder diesen Erscheinungen nachsinnende Mensch ist qualitativ unendlich viel mehr. Er ist ein Teil dieser Welt, aber er kann eben sehen und fragen: »Warum ist etwas und nicht nichts?« Wir haben teil am Geheimnis der Wirklichkeit, jedenfalls in der Frage danach.

Der Psalm 8 enthält einen höchst erstaunlichen Satz, der an diese Überlegungen anzuschließen scheint: Der Psalmist – er steht offenbar unter dem nächtlichen Himmel – betet: »Wenn ich sehe die Himmel, deiner Finger Werk, den Mond und die Sterne, die du bereitet hast: was ist der Mensch, daß du seiner gedenkst und des Menschen Kind, daß du dich seiner annimmst?« Genau das ist die Frage: Was ist der Mensch? Und angesichts dieser Unermeßlichkeiten möchte man sagen: »Ein Nichts, ein Strich in der Landschaft. Vergeht schnell.« Aber der Psalmist fährt fort: »Du hast ihn wenig geringer gemacht als Gott.« Das ist unglaublich. Die Bibel sagt, der Mensch ist Gegenüber Gottes. Er hat teil an Gott als dem Geheimnis der Welt. Er kann fragen nach dem Geheimnis seiner eigenen Existenz. Die Frage nach der Beheimatung, nach der stabilen Herberge in dieser Welt ist damit noch nicht geklärt. Und der Gott, der uns als Geheimnis und Schicksal begegnet, ist der deus absconditus, der uns verborgene, der rätselhafte Gott, mit dem ich über Eschede hadere und von dem mich in Schicksal und Schuld ein tiefer Sund trennt. Aber der Psalm ist zugleich ein Hinweis, nicht unter dem uns Menschen möglichen

Niveau zu leben, sondern an der Gottesfrage dranzubleiben.

Und nun dieses Kind in der Futterkrippe draußen vor der Tür. »Des Menschen Sohn hat nichts, wo er sein Haupt hinlegen kann«, sagt er später als junger Mann. Und nur wenig älter als dreißig Jahre, schreit er draußen vor der Stadt: »Mein Gott, mein Gott, warum hast du mich verlassen?« – und stirbt mit einem Schrei. Die Krippengeschichte ist verständlich nur auf dem Hintergrund der Erfahrungen mit dem erwachsenen Jesus. Die sie später erzählten, sind mit ihm durch die Dörfer und Flecken gezogen, haben ihm zugehört und zugesehen, mit ihm geredet. Sie haben gesehen, wie er sich nicht scheute, Kranke anzufassen, um sie zu heilen; wie er zu den Ausgestoßenen ging und sie der Nähe Gottes gewiß machte; wie er predigte, anders als die Schriftgelehrten, besonders, wie er seine Gleichnisse erzählte und dabei so redete als verträte er Gott selbst. Er hat mit Gott geredet, wie einer mit seinem Vater redet. Vaterle, hat er gesagt, Papa. Ganz ungewöhnlich. Vertrat er nicht Gott? Es muß eine wunderbare Zeit mit ihm gewesen sein. Wie im Paradies. Die Erde als Heimat. Herberge als Leben im Nahbereich dieses Menschen Jesus.

Aber dann haben sie das alles hinter sich lassen müssen. Die anderen kreuzigten ihn. Wer am Holz hängt, ist von Gott verflucht, wußten sie aus der Heiligen Schrift. Er war wohl doch ein Scharlatan gewesen. Sie verließen ihn innerlich. Sie waren wieder unbehaust, beliebig. Der Karsamstag muß ein furchtbarer Tag gewesen sein. Als ob die Welt stillstand. Dann aber am Ostermorgen, sehr früh, als die Frauen zum Grabe gingen, um ihn als Toten zu konservieren, da begann es, daß sie ihn sahen. Von da an fingen sie an, neu über das Kreuz nachzudenken.

Er war doch zu den Verzweifelten, denen im Finstern, den Ausgestoßenen gegangen. War er auch als Stellvertreter Gottes unter die Gekreuzigten gegangen, unter jene, die wirklich von Gott verlassen waren? War Gott selbst in ihm in den Tod gegangen? Hatte er die letzte Verzweiflung der Menschen mit ihnen geteilt? Hieß das nun: Da wo jemand sich endgültig von Gott verlassen weiß, da gerade ist Gott? Dann wäre das Kreuz im österlichen Licht jene Stelle, an der der Himmel die Erde ein für allemal berührt hat. Dann wüßten wir zwar nicht, was sich Gott bei dieser schwierigen Welt denkt. Aber wir wüßten, welches Gesicht er hat. Dann hätte er das Gesicht der den verlorenen Menschen heimholenden Liebe.

Alles das ist in die Krippengeschichte hineinverwoben. Die Unbehaustheit am Anfang ist die Entsprechung zum Verbrechertod am Ende. Und wahrscheinlich begreifen wir Gottes Nähe in diesem Kind am ehesten, wenn es uns richtig dreckig geht und wir es wirklich brauchen.

Der weihnachtliche Grundgedanke ist eigentlich einfach: In dieser kümmerlichen Geburt in der Notunterkunft teilt Gott unsere Unbehaustheit und macht sie dadurch zur wahren Herberge. Das bedeutet aber auch, daß der Mensch nicht durch sein Werk, auch nicht durch die Technik, mit der er sich umgibt, auch nicht durch die Liebestaten, die er zustande bringt, seine Herberge und seine innere Heimat hier gewinnt – so wichtig das ist. Aber seine innere Beheimatung in dieser Welt, die durch Schicksal, Schuld und Tod gezeichnet ist, die gewinnt er dadurch, daß sich Gott, der das Geheimnis der Welt ist, in diesem Kind, in diesem Mann am Kreuz zu ihm gesellt. Und das wirkt sich aus im Umgang mit dem Nächsten, mit der Welt, mit sich selbst.

Und kommst ins Elend her zu mir …

In der vergangenen Woche war ich im Gefängnis. 603 junge Männer sitzen da zur Zeit. Das Gefängnis wurde mit großen Erwartungen an die Chancen von Resozialisierungsmaßnahmen gebaut. Manches mußte jetzt wegen Personalmangels, aber auch aufgrund mancher Ernüchterung über die Möglichkeiten des Strafvollzugs zurückgedreht werden. Gleichwohl ist es sehr beachtlich, wie dort gearbeitet wird. Ich habe mit den drei Seelsorgern, zwei evangelisch, einer katholisch, gesprochen, die Lehrwerkstätten besucht, mir Zellen bis hin zur Beruhigungszelle angesehen, ein langes Gespräch mit den Aufsichtführenden gehabt.

In der Mitte der Jugendanstalt ist die Kirche. Dort sitzen wir zum Schluß länger als eine Stunde mit den Seelsorgern und wohl fünfzehn der jungen Leute zusammen. Ich frage nach den Namen und wie lange jeder noch sitzen muß. Manche einige Monate, andere 5 Jahre. Offenbar Tötungsdelikte. Offene Gesichter. Lange Gespräche über das Leben drinnen und draußen. Vier haben Kinder draußen. »Was bedeutet die Seelsorge?« frage ich. Sagt einer: »Hier bin ich keine Nummer.« Na klar, denke ich, hier wird jeder mit Vornamen angeredet. »Nein, Nummer heißt Akte. Hier bin ich keine Akte. In der Akte steht alles, was ich ausgefressen habe. Ich weiß ja, daß ich Scheiße gebaut habe. Meine Akte sagt, wer ich bin, und so werde ich angesehen. Hier bei der Seelsorge bin ich daneben noch etwas anderes. Hier gelte ich etwas als Person.« Ich sage plötzlich: »Sagen Sie mal, kennen Sie die Unterscheidung von Person und Werk?« Sie schauen mich unsicher an. »Ich weiß nicht, ob Sie das schon mal gehört haben. Aber bei Luther haben wir die Unterscheidung von Person und Werk gelernt. Das ist unser christliches Menschenbild. Normalerweise sind wir durch unsere Taten bestimmt, durch die guten wie durch die schlechten. Wir sind, was wir tun. Das ist ja auch nicht falsch. Durch das, was einer tut, lernt man ihn ganz gut kennen. Aber christlich geschieht nun etwas ganz anderes. Jenseits unserer Taten gilt, daß Gott uns freundlich ansieht. Das gilt, bevor wir etwas tun. Und die Seelsorger sollen das repräsentieren und es ist gut, daß sie es tun.« Es ergab sich daraus noch einmal ein ausführlicher Gesprächsgang.

Ich habe seither immer wieder daran denken müssen. Die Kirche da in der Mitte des Gefängnisses, sie war Herberge, weil sie Teil der Weihnachtsbotschaft ist. Weihnachten heißt, Gott sucht uns dort auf, wo wir Angst haben, wo wir nichts sind, wo es mit unseren Werken nicht weit her ist. Deshalb erscheint er in Krippe und Stall. Deshalb endet er in der Gottverlassenheit am Kreuz. Die Botschaft von Krippe und Kreuz heißt: Ganz gleich, ob du wegen deines Schicksals oder deiner Schuld mit leeren Händen dastehst, oder auch ob du meinst, doch einiges bieten zu können, Gott gesellt sich zu dir. Er bietet dir Herberge bei sich.

»Such dich nur in Christus«, sagt Luther, »und nicht in dir, so wirst du dich ewig in ihm finden.« Diese zugesprochene Gottesnähe gibt uns eine Würde, die wir uns nicht erst erarbeiten müssen. Sie wird vielmehr der Grund unserer Arbeit in der Freiheit eines Christenmenschen. In Luthers Kinderlied auf die Weihnacht Christi heißt es:

Sei mir willkommen edler Gast!
Den Sünder nicht verschmähet hast
und kommst ins Elend her zu mir:
wie soll ich immer danken dir?

Die zugesprochene Würde

Der Mann mochte knapp über fünfzig sein. Seine Firma hatte ihn und viele andere entlassen müssen. Er hatte versucht, wieder eine Arbeit zu finden. Es hieß nur: Sie sind zu alt. Wir waren bei einem Feuerwehrabend ins Gespräch gekommen. Die Uniform stand ihm gut. »Was mich unheimlich sauer macht«, sagte er, »ist, daß man einfach Spielball ist. Irgend etwas läuft wirtschaftlich schief, und dann gibt es die, die können auf den Wellen schwimmen, weil sie jünger sind, weil sie den richtigen Beruf oder Glück haben, und andere, besonders wenn man zu alt ist, die gucken in die Röhre. Ich könnte noch viele Jahre arbeiten. Jetzt hänge ich rum. Und die anderen sind froh, daß es ihnen nicht so geht, und sie vergessen uns.«

Ich konnte ihm auch nicht helfen. Daß er darüber sprechen konnte, war gut. Aber das mit dem Vergessenwerden, das fühlte ich, das darf eigentlich nicht sein, auch wenn die Zeiten unübersichtlich und für viele schwierig sind.

*

Die Weihnachtsgeschichte des Lukas ist eine Geschichte gegen das Vergessenwerden. Fast wie in einer Entsprechung zu jener Chaostheorie, nach der der Flügelschlag eines Schmetterlings über viele Zufallsstufen hinweg schließlich zu einem Taifun führen soll, muß hier durch eine administrative Großmaßnahme zur Aufbesserung der Staatsfinanzen in der Hauptstadt Roms am fernen Rand des Römischen Reichs ein junges Paar auf die Landstraße, damit Gott zur Welt kommt. Der große Augustus, machtvoller Herrscher seiner Zeit, Garant der pax romana, des mit militärischer Macht aufrechterhaltenen Friedens, wird durch diese Weihnachtsgeschichte verbunden mit einer jungen Frau in Kindsnöten. Dem palastreichen Rom wird die Notunterkunft Viehstall einschließlich Futterkrippe als Wiegenersatz gegenübergestellt.

Die Steuerschätzung wird dargestellt als eine der großen Maßnahmen, die schicksalhaft in das Leben der Menschen eingreifen und sie zu namenlosen Opfern machen. »Und die einen sind im Dunkeln, und die andern sind im Licht, und man sieht nur die im Lichte, die im Dunkeln sieht man nicht«, schreibt Berthold Brecht. Aber – es erinnert an Rembrandts Weihnachtsbilder – das Licht scheint in der Finsternis: Lukas bringt nicht nur die großen Weltverhältnisse und die persönliche Spielballsituation zusammen. Er verbindet auch den Himmel und die Erde. Auf der Erde läuft ein klägliches Geschehen, das Sinnbild sein kann für die vielen Nöte derer, die sich als Opfer von Rezession, Krieg und Unterdrückung, aber auch von Krankheit und Unglück erfahren. Aber darin ist Gott.

Es geht dabei immer um die eine entscheidende Frage: Hat es einen Sinn, daß es mich gibt in diesem

Gewühl der Welt, oder sind wir nur Abfall auf dem Schuttabladeplatz der Weltgeschichte? Vergessene, die man vergessen kann?

Zur Weihnachtsgeschichte gehört der Himmel als Hintergrund des Lebens und das Wort des Engels. Die Weihnachtsgeschichte, die wie die ganze Jesusgeschichte ihren Sinn und damit ihre Leuchtkraft durch Kreuz und Auferstehung erhält, besagt: Deine dich einsam machende Misere, die oft nicht zu entwirrenden Schicksalsfäden deines Lebens, in denen sich das Große und das Kleine, das Großartige und das Lächerliche, deine Schuld und dein Schicksal verbinden, all das ist durch das Kommen Christi in Krippe und Kreuz als Bereich der Aufmerksamkeit Gottes erkennbar geworden.

Es gibt eine Vorderseite der Welt, da scheint alles, das Persönliche und das Globale, das wirtschaftliche Auf und Ab, die Friedens- und die Kriegszeiten manchmal beeinflußbar, oftmals aus Zufällen zusammengesetzt abzulaufen. Halten wir das für das Letzte, dann kann man nur seinen Kleingarten zu retten versuchen und ansonsten resignieren.

Es gibt aber auch den Goldgrund, wie ihn die mittelalterlichen Maler hinter der realen Welt dargestellt haben. Das ist der mit dem Kind in der Krippe unter uns erschienene Himmel. Das Licht erscheint in der Finsternis. Auch wenn es in ihr nur kümmerliche Herberge erhält, so gibt es doch denen, die es annehmen, eine unverlierbare Würde.

Hätte solche Botschaft jenem Mann, von dem ich eingangs sprach, geholfen? Ich habe den Eindruck, das hat ihm längst geholfen. Man merkte, er hatte seine Lage schon manchen erzählen können. Er war in einer

Gemeinschaft von Menschen, die ihn nicht einfach hängenließen, bis hin zu seiner Feuerwehr. Im Ernstfall war er der Fahrer des Löschzuges. Möglicherweise wird er tatsächlich keine Arbeit mehr bekommen und sich insofern als Spielball der Verhältnisse fühlen. Aber er hat Menschen, er braucht sie auch, die ihm das Signal geben, das im letzten von Weihnachten herkommt: Es ist gut, daß du da bist.

Die Veränderung schwieriger Verhältnisse ist ja nötig und muß angepackt werden, wenn es irgend möglich ist. Aber für die innere Stabilität reicht das nie. Dafür brauchen wir die Erfahrung, daß wir von Gott geachtet und beachtet sind. In dem Krippenkind und in dem Gekreuzigten hat Gott allen Menschen, jenen, die sich als Spielbälle des Geschicks erfahren, und auch denen, die sich davor fürchten, ihre unverlierbare Würde zugesprochen.

Das ewig Licht geht da herein,
gibt der Welt ein' neuen Schein.
Es leucht' wohl mitten in der Nacht
und uns des Lichtes Kinder macht.

Das gilt.

Starkes Stück, stöhnte der Esel,
und suchte sein Heu zu retten.
Vorsicht, brummte der Ochse,
Das Kind braucht auch was.
Jetzt geht das Teilen an,
jammerte der Esel.
Dadurch wirst du nicht ärmer,
tröstete ihn der Ochse.
Wer's glaubt, wird selig,
weissagte der Esel.

Horst Hirschler

2

Meditationen über Predigttexte der Christvesper

Er liegt in der Krippe,
damit du gewiß seist
es soll nichts als Christus
gepredigt werden in aller Welt.

Was ist die Krippe anderes
als die Versammlung des Christenvolks
in der Kirche zur Predigt?

Wir sind die Tiere bei dieser Krippe,
da wird uns Christus vorgelegt
davon sollen wir unsere Seelen speisen.

Denn das ist der gnadenreiche Glaube,
den Gottes Wort und Werk fordern,
daß du fest glaubst,
Christus sei dir geboren
und seine Geburt sei dein
und dir zugut geschehen.

Martin Luther 1522

Lukas 2,1–20

»Wir sind nicht religiös«, sagte die Schülerin. »Mein Vater hält gar nichts davon.«

»Und wie macht ihr es Heiligabend?«

»Die Mutter besteht darauf, sie liest immer vor dem Geschenkeauspacken die Weihnachtsgeschichte vor.«

»Und was macht ihr, wenn ihr doch nichts davon haltet?«

»Wir hören uns das an.«

»Der Vater auch?«

»Er hat nichts dagegen. Uns würde was fehlen, wenn es nicht so wäre.«

Ist die Weihnachtsgeschichte nur ein altes Möbelstück, das zur Dekoration dieses Abends gehört? Wahrscheinlich ist sie mehr.

Vor Jahren schrieb mir eine Frau: »Irgendwie ist das zu Weihnachten nicht umzubringen, die Erwartung oder die Hoffnung, es könnte etwas geschehen, was einen an seinem nur ihm selbst bekannten wunden und bedürftigen Punkt berührt und erreicht. Man erwartet es in der Form eines Besuches oder eines Anrufes oder irgend etwas, das man ersehnt und doch nicht beschreiben und fassen kann. Ich glaube, wir erwarten eine Art inneren Heimkommens. Daß wir richtig gekannt werden. Sicher gibt es viele, die nichts mehr erwarten. Aber unter ihnen sind manche am Weinen und manche längst aggressiv. Heiligabend ist ein seltsames Fest, weil es auf dem schmalen Grat zwischen dem Dunklen und der großen Freude liegt.«

Es wird vieles hochgespült aus den Tiefen der Seele, wenn Menschen die alten Lieder, den aus Kindertagen vertrauten Text von der Geburt Christi hören. Vor Jahren habe ich in einer der frühen Christvespern mit dem hohen Geräuschpegel an Kinderstimmen eine Krippenspielpredigt gehalten mit Stehbildern und Texten, die ganz auf die Kinder zugeschnitten waren. Zu meinem Erschrecken kam nach dem Gottesdienst ein Studienrat auf mich zu, den ich aus Gesprächen als ausgesprochen distanziert und kritisch kannte. Ich sage: »Au, das war heute nachmittag nichts für Sie.« Da sagt der doch: »Sie glauben nicht, was mir das gegeben hat« – mit Tränen in den Augen. Wir ahnen oft nicht, was wir mit Texten, die Kinder verstehen, bei den Großen auslösen.

Die Weihnachtsgeschichte nach Lukas 2 ist zu betrachten. Ein Glück. Das würde am Christabend bedeuten: Sich selbst und die Gemeinde auf den Weg zur Krippe bringen, ganz bewußt nicht im Nebel der Erwartungen stochern, nicht in den Gemütern rühren, auch im eigenen nicht, sondern konzentriert auf diese alte, vertraute und doch fremde Erzählung schauen. Gottes Wort macht uns neu, nichts anderes. Natürlich geschieht das in der begründeten Hoffnung, daß da soviel unterschiedlich die Herzen Berührendes abfallen wird, daß sich darin alle wiederfinden können.

Folgendes kann uns da in den Blick geraten:

1. Eindrücklich ist zuerst die ganz unreligiös wir-

kende Alltäglichkeit der Geburtsgeschichte (1–7). Es geht um eine zu fürchtende Steuerreform. Der Staat braucht Geld. Also werden die kleinen Leute, die etwas Besitz haben, steuerlich veranlagt.

2. Beachtlich sind die Gegensätze. Da stehen einander gegenüber Augustus, der Kaiser, und Joseph, der einfache Mann aus der Randprovinz, mit Maria, »seinem vertrauten Weibe«.

3. Der Hinweis »weil er von dem Hause und Geschlechte Davids war« deutet freilich in dieser Geburtsgeschichte an, daß da die Hoffnung auf den Messias Gottes mit im Spiele ist.

4. Die Geburt geschieht unter erstaunlich problematischen Umständen. Alptraum für jeden Vater – und jede Mutter. Warum hat er die Maria bloß nicht zu Hause gelassen?

5. Überhaupt ist es zum Staunen, daß die frühe Christenheit die Geschichte ausgerechnet so erzählt. Das überliefern und gestalten doch Leute, die den, dessen Geburt da erzählt wird, mindestens morgens, mittags und abends und in Nöten zwischendrin als den Herrn des Himmels und der Erde, als den Kyrios anrufen, von ihm Schutz, Heil und Orientierung erwarten. Und da erzählen die solch eine doch bewußt tiefstapelnde Geschichte? Warum? Was trägt das eigentlich aus für die Verortung und Sicherung des eigenen Lebens in einer gefährlichen Welt?

Es ist eine hinreißend kühne, verkündigende und aufklärende Story. Wieso haben die »Urheber« das nur so erzählen mögen? Der Herr des Himmels und der Erde im Viehstall geboren und in der Tränke gebettet. Ziemlich irre. »Den aller Welt Kreis nie beschloß, der liegt in Marien Schoß. Er ist ein Kindlein worden klein, der alle Welt erhält allein.« Sie haben offenbar zeigen wollen, wie das ist, wenn Gott für uns Mensch wird. Hinter solch einem Erzählvorgang muß immer noch das große Staunen wirksam sein, das die Jüngerinnen und Jünger im Umfeld Jesu gepackt hatte. Wie konnte einer, der doch nicht mit einem Heiligenschein oder einen halben Meter über der Erde durch die Gegend lief, der doch wie sie lebte, umherzog, aß, trank und verdaute, fröhlich und wütend war, sich des Lebens freute und daran litt, der mit einem Schrei starb, wie konnte der Gottes personhafte Wirklichkeit unter ihnen sein? Sie hatten es wohl erlebt, wenn er redete und heilte, daß über ihm der Himmel offen war, sie hatten nach Ostern langsam begriffen, daß er noch in der Gottverlassenheit am Kreuz Gottes Nähe bei den Verlorenen verkörperte.

6. Wenn man in solchen Erlebnissen innerlich und äußerlich beheimatet ist, dann kann man mit beinahe hintergründigem Humor solch eine Geburtsgeschichte weiterreichen und erzählend ausgestalten. Ja, lustig, der Kaiser Augustus, mächtiger Mann, da hat er eine gewaltige Maßnahme gestartet und denkt, er macht etwas Bedeutendes, und in Wirklichkeit ist er nur Werkzeug und Larve des allmächtigen Gottes. Das Ganze dient nur dazu, daß Jesus am der alten Verheißung entsprechenden richtigen Ort geboren wird. Schaut nur, so unerkennbar ist Gott in, mit und unter weltlichen Abläufen, denen nichts Grandioses oder Übernatürliches anhaftet, zur Welt gekommen. Lernt daraus. Seid ihr nicht fixiert auf das, was Menschen tun, besonders solche Oberaugustusse? Vergeßt nicht, darin vollziehen sie Gottes Wege. Menschen sind Beweger und Bewegte zugleich.

Ein kleiner Exkurs: Wir haben das ja '89 beim Fall der Mauer für einen Augenblick gewußt. Im Staunen weiß man es. Wir haben auf der Grenze Dankgottesdienste gefeiert. Aber es ist längst wieder vergessen, weil das göttliche Handeln uns dann besonders plausibel erscheint, wenn sich die Dinge zum Guten wenden. Wenn's schwieriger wird, verstummen wir.

Hier – durch diese Geburtsgeschichte, wie sie Lukas überliefert und gestaltet hat – werden wir wieder daran erinnert. In jedem Augenblick unseres Lebens haben wir teil an Gottes Weg, sind wir selbst durchwoben von Gottes Welthandeln. Freilich, das ist in diesen ersten Versen unseres Textes auch erschreckend, sie sind oft unverständlich und lästig, diese göttlichen Schikkungen unter der Larve der Weltereignisse, bei denen alles die Menschen zu machen scheinen, wenn man nicht genau genug hinschaut und nachdenkt.

7. In der Hirtengeschichte vertritt der Engel nun die Stimme des unsichtbaren göttlichen Goldgrundes, auf dem wir unser Leben leben. Der Engel spricht aus, was die glaubenden Hörer wissen. Was denen, die nichts von Christus wissen, gesagt werden muß: Siehe, ich verkündige euch große Freude, denn euch ist heute der Heiland geboren.

»Euch ist geboren ein Seligmacher, Christus, der Herr, zu Bethlehem, in der Stadt Davids. Der Engel spricht nicht nur: Christus ist geboren. Er eignet uns auch seine Geburt zu. Was hülf es mir, daß er tausendmal geboren wäre und mirs täglich aufs lieblichste gesungen würd, wenn ich nicht hören dürft, daß es mir gilt und er mein eigen sein soll.« (Martin Luther, 1521)

8. Aber warum müssen es ausgerechnet Hirten sein, die doch kein Ansehen haben? Warum muß diese

Geschichte alles von unten her aufzäumen? Nichts Verehrungswürdiges, zu dem man aufschauen könnte. Man bekommt eine gewisse Würde in die Hirtenszene nur hinein, wenn man die Hirten kitschig ausmalt, andernfalls stinken sie und haben zottelige Bärte. Sie haben keine äußere Würde. Das sind eher Gestalten für eine Drei-Groschen-Oper. Das ist nicht nach dem Modell gestrickt: Wer immer strebend sich bemüht, den können wir erlösen.

In Buxtehude in der Petrikirche gibt es ein Marienbild von 1410. Maria sitzt in ihrem Wohnraum und strickt mit vier Stricknadeln am heiligen Rock, der kleine Jesus liegt auf der Erde, liest in einer kleinen Agende, Spielzeug liegt daneben. Er schaut nach hinten. Da stehen zwei Engel. Sie haben das Kreuz und drei Nägel, die Dornenkrone und den Speer in der Hand. Manchmal, auf alten Weihnachtsbildern, hängt über der kargen Krippe sogar ein kleines Kreuz.

Warum setzt das alles unten an? Warum wird da überall angedeutet, zu diesem Lebensanfang gehört das Lebensende, das Kreuz? Die unbedeutenden Hirten vom Felde, der Futtertrog, der Stall als Notunterkunft, das sind Hinweise, daß wir von Gott in unserer Unbehaustheit aufgesucht werden. Da kommt aber nicht der edle Prinz auf hohem Roß und erlöst das arme Bettelkind, vielmehr, der Prinz kommt als Bettelkind, damit wir in unserer Kümmerlichkeit einen Bruder haben und seine Nähe uns unverlierbare Würde gibt.

Zu meinem Exkurs zum Mauerfall oben: Wenn man nur beim großen Mauerfall Gottesdienste feiert, ist das, was Weihnachten geschehen ist, noch ganz unbegriffen. Weihnachten zeigt – wie Karfreitag: Gerade dann, wenn wir meinen, wir seien von Gott, vom Glück und allen guten Geistern verlassen, gilt uns die Nähe Gottes.

9. Das Wort des predigenden Engels hat einen kritischen Hintergrund, der unserer Zeit – bis hinein in die Kirche – fremd geworden ist: Der Mensch ist unerlöst, hier nicht zu Hause, durch einen tiefen Sund von Gott als seiner fraglosen Beheimatung getrennt. Er wird nie diesen Graben überschreiten können von sich aus. Mit all unseren Versuchen, uns selbst zu erlösen, setzen wir auf fremde Götter und »kommen weiter von dem Ziel«. Wir sind Bettler, das ist wahr. Sünder und Sünderinnen. Wem das nicht einleuchtet, wer meint, er könne von sich aus heil und ganz sein und müsse dies nur als die ihm innewohnende Realität entdecken, um daraus sein Selbstbewußtsein schöpfen zu können, gleicht dem Baron aus Bodenwerder, der sich selbst am Schopf aus dem Sumpf ziehen konnte. Wer sich selbst erlösen kann, braucht Weihnachten nicht. »Dieses Kind will geben, nicht empfangen. Es will eine leere und gelassene Seele, der menschlicher Rat nicht hilft. Wer viel Unglück und Leid hat, ist würdig dieses Kindes. Wer mit Sünden und bösem Gewissen beschwert ist, der verlangt nach diesem Kind. Dies Kind ist nicht für jedermann, sondern für den, der fühlt, daß ihm etwas fehlt.« (Martin Luther, 1521)

10. Die Freude, die allem Volk widerfahren wird, das Licht, das aufscheint, gilt denen, die im Dunkel sind, die äußerlich unter ihrer Situation leiden, die innerlich sich quälen. Das muß nicht immer klar zutage liegen. Das läßt sich verdrängen. Man muß auch niemanden, der meint, er könne mit sich und der Welt

zufrieden sein, in die Unzufriedenheit stürzen, damit er eine ordentliche Erlösungssehnsucht bekäme. Das würde Bonhoeffer pfäffisch nennen. Wir sollen die Welt nicht schlecht machen, wir sollen uns aber auch nicht an ihrer Übertünchung und Verharmlosung beteiligen. Nein, wir sollen vom Kommen Gottes in die Angstregionen unserer Welt reden. So ist Gott in Christus zu uns gekommen.

11. Deshalb gilt es, eilend mit diesen Hirten zur Krippe zu gehen und sich ihrer Gesellschaft nicht zu schämen. Wir müssen nicht mehr ständig von der Angst vor unserem Absturz bestimmt sein und uns deshalb verkrampft von anderen absetzen. Wir können noch so tief fallen, Christus ist für uns da. Deshalb begegnet er uns Geringen als Geringer in den Geringen. Das ist der Grund, warum Weihnachten ein Fest ist, durch das ein großes menschenfreundliches Lachen und Singen in unsere Welt kommt. Deshalb schenken wir uns durch Geschenke persönliche Zuneigung – wenn wir's wissen.

12. Das Überraschende ist, daß erzählt wird, diese Hirten seien anschließend selbst zu Predigern geworden. Dahinter steht die Erfahrung der Christenheit, daß diejenigen, die etwas von Christus »gehört und gesehen haben«, auch Sprache gefunden haben, davon zu reden. Wir leben in einer Kultur, in der der Glaube keine Sprache hat, wir müssen wieder sprachfähig werden im Glauben. Es ist gut, wenn wir uns gegenseitig ermutigen und es einüben, von dem zu reden, was wir von Weihnachten »gehört und gesehen haben.« Das ist mit dem Priestertum aller Glaubenden gemeint. Allerdings funktioniert das nur, wenn wir auch wirklich etwas von Christus gehört und gesehen haben.

»Das ist der Glaube, den Gottes Wort und Werk fordern, daß du fest glaubst, Christus sei dir geboren, und seine Geburt sei dein und dir zugut geschehen.« (Martin Luther, 1521)

*

In der Adventszeit 1940 schrieb Dietrich Bonhoeffer in seinem Weihnachtsbrief:

»Wie sehr haben wir Deutschen gerade aus dem Weihnachtsfest eine ... Insel gemacht, auf die man sich aus der eigentlichen Wirklichkeit des Lebens für ein paar Tage oder doch wenigstens Stunden retten könnte ... Darum wurden aus der echten Weihnachtsfeier, wie sie in jenem Gang der Hirten zur Krippe vor uns steht, die Tage äußeren und inneren Behagens, zu dessen Sicherung dann auch die Botschaft von Gottes Liebe im Hintergrund ganz brauchbar sein mochte ... Die bunten Schleier, die uns sonst noch wirklich für Tage und Stunden täuschen mochten, sind uns heute als Täuschung und Lüge deutlich geworden. Das Wesen der Welt hat sich enthüllt ...

Nun sind wir beim Weihnachtsfest in neuer Weise gerade auf das gerichtet, was auch in der Bibel im Mittelpunkt steht: auf die einfache Wirklichkeit des gnädigen und erbarmenden Tuns, die von Gott her in diese verlorene Welt kommt ... Ob Gott wirklich den gesandt hat, der Recht und Vollmacht hat zur ganzen, umfassenden, endgültigen Erlösung, das ist es, wonach wir fragen. Und das volle, herrliche Ja der Antwort auf diese Frage ist die Weihnachtsbotschaft. Sie zu hören in aller Einfalt und sie zu sagen in aller Sachlichkeit, das ist unsere Aufgabe, unsere selige Aufgabe am Christfest.

Die Welt ist von jeher voll von tausend Forderungen, Plänen, Aufrufen und Anweisungen, mit denen man die Nöte der Welt zu überwinden sucht, die jedem früher oder später schmerzlich genug fühlbar werden. Wir haben Gott sei Dank nicht wieder zu fordern, zu planen und aufzurufen, wir haben einfach zu hören und zu sagen, was ohne all unser Tun und Machen als die wirkliche und die ganze Hilfe von Gott geschenkt ist.

Freilich, dadurch bekommen wir keine andere Weihnachtsfeier, als wie sie die Hirten von Bethlehem gehabt haben ... Auch unsere Weihnachtsfeier führt uns nicht hinaus aus den Nöten und Lasten unseres Lebens in der Welt, führt uns nicht ins Paradies. Auch wir müssen wie die Hirten wieder umkehren, zurück in die alten Verhältnisse mit all ihrem Druck, der uns wund macht. Aber ... wenn wir nur so zu hören und glauben vermögen. Der Retter ist da! Gottes Hand ruht wieder auf der Welt und läßt die Welt nicht mehr los! ... Dann darf es auch von uns heißen wie von jenen Hirten: nicht nur »sie kehrten wieder um« in all die alte bittere Not hinein, sondern auch »sie priesen und lobten Gott um alles, was sie gehört und gesehen hatten, wie denn zu ihnen gesagt war.«[12]

Titus 2,11–14

Der Predigttext Titus 2,11–14 enthält markante Aussagen:

Für alle - ernsthaft - alle Menschen - sogar für mich - ist erschienen die heilsame Gnade Gottes. Da scheint die Geburt Christi auf. Dieses Erscheinen der Gnade prägt uns, erzieht uns, nimmt uns so in Zucht, daß wir der Gottvergessenheit absagen und auch der Gier, die das wahre Leben aus dem Konsum von Welt erhofft, und statt dessen besonnen, gerecht und fromm zu leben vermögen.

Wir warten auf die glückselige Hoffnung und Erscheinung der Herrlichkeit des großen Gottes und unseres Retters Jesus Christus, der sich selbst für uns dahingegeben hat, um uns zu erlösen von aller Ungerechtigkeit und sich selbst ein Volk zu reinigen, das ihm zugehört und Lust hat zu guten Werken.

Diesen Titustext lesen wir auf dem Hintergrund der weihnachtlichen Erwartungen und der Erzählung vom Kind in der Futterkrippe. Der einzige vernünftige Grund für die weihnachtliche Freude ist das Erscheinen der Gnade in diesem Kind Jesus aus Nazareth/Bethlehem. Und verheißungsvoll für ein die Menschen packendes Wort in der Christvesper ist eigentlich nur, dem Kind in der Krippe Gewicht zu geben. Aber wie geschieht das? Der Botschaft vom Kind in der Krippe in unseren auf Effektivität getrimmten Zeiten Gewicht geben?

Manches wird schön deutlich an der Geschichte, wie das Christuskind gestillt wird[13]:

Pastor Martin war erst drei Jahre in der Gemeinde. Aber er fand, die Christvesper müsse in diesem Jahr anders gestaltet werden. Wenn er wieder nur redete, würde es wegen der Kinder zu laut, brächte er nur ein Krippenspiel, wären die Erwachsenen nicht zufrieden. Besonders einige der 68er Lehrer, die immer noch von einer alternativen Weihnacht träumten, wären sauer. Also mußte man mischen. Für jeden etwas.

Vier Szenen: Die Herbergsuche, die Hirten auf dem Felde, die Hirten im Stall, die Botschaft der Hirten. Und dazwischen jeweils ein Stück Predigt. Das wurde geprobt. Die Konfirmanden, Mädchen und Jungen waren mit Freude bei der Sache. Der Engel der Verkündigung versprach ein Ereignis zu werden.

Heilig Abend um fünf Uhr soll die Christvesper sein. Um drei klingelt es an der Tür. Herr Sigmund, Mareikes Vater, die die Maria spielen wollte, sagt: »Mareike liegt mit 39,6 Fieber im Bett. Schwere Grippe.«

Der Pastor spürt plötzlich seinen Magen.

»Das ist ja schade, alles Gute für Mareike.«

Er geht ins Amtszimmer und läßt sich schwer in den Sessel fallen. Was nun? Woher eine Ersatz-Maria nehmen? Die sorgfältig geplante Christvestper gerät ins Wanken.

Seine Frau kommt herein.

»Was war?«

»Mareike hat Fieber. Aus. Die schöne Idee im Eimer.«

Er grübelt.

Da sagt seine Frau: »Du, das mach ich.«

»Was?« sagt er.

»Ich spiel die Maria.«

Der Pastor schaut seine zierliche, von der Geburt des jüngsten Sohnes noch etwas mitgenommene Frau überrascht an.

»Ja«, sagt sie entschlossen, »das geht. Notfalls muß ich aus dem Textbuch ablesen.«

»Und Jakob?« fragt er. »Frau Gutschke ist zu ihren Kindern gefahren. Wer soll sich um den Kleinen mit seinen sechs Wochen kümmern.«

Seine Frau antwortet: »Wir könnten doch statt der Puppe den Jakob in die Krippe legen.«

»Der wird schreien«, sagt er, »er hat eine kräftige Lunge.« Aber seine Frau läßt sich nicht beirren.

»Er schreit doch normalerweise erst gegen sechs, und dann sind wir ja durch. Wo ist denn das blaue Tuch für die Maria und der Text? Ich setz mich gleich dran.«

Im Dorf hat es sich herumgesprochen, daß Mareike krank ist, und die Leute sind neugierig, was nun wird. Als sie sehen, daß die Maria die Pfarrfrau ist und das Jesuskind auf dem Arm sogar echt, sind sie begeistert. Predigt und Spiel laufen munter ineinandergemischt dahin. Die Herbergsuche ist deftig, der Wirt so unverschämt, daß es schon wieder lustig ist. Aber in der dritten Szene, als die Hirten zur Krippe treten, beginnt Jakob zu schreien. Maria schaut zu ihrem Mann, dem Pfarrer. Der macht ein entschlossenes Zeichen: Weitermachen! So versuchen sie das schreiende Jesuskind zu übertönen. Aber Jakob hat wirklich eine kräftige Lunge, so daß die Konfirmanden bald verstummen. Maria nimmt das Jesuskind aus der Krippe und beginnt es zu wiegen. Aber Jakob brüllt. Da dreht sich Maria plötzlich ein wenig zur Seite, schiebt den weißen Pullover hoch und legt den Jesusknaben an die Brust. Und sofort ist er still. Sehr still ist es auch in der Kirche. Die Konfirmanden schauen sich unsicher an. Der Pastor schaut verstohlen in die Gemeinde. Die Frauen lächeln. Einer der Lehrer hat Tränen in den Augen.

Es ist eine lange Stille in der Kirche, als das Jesuskind gestillt wird. Dann wird das Christkind wieder in die Krippe gelegt. Das Spiel nimmt seinen Fortgang. Der Pastor sagt plötzlich etwas, das er sich gar nicht aufgeschrieben hatte: »Das eigentliche Wunder der Weihnacht ist, daß Gott in einem kleinen Menschenkind erschienen ist, das schrie, wenn es Hunger und Durst hatte, und daß Gott gestillt werden mußte und daß er unser Leben bis hin zum Kreuz mit uns geteilt hat, damit wir wissen, wir sind nie mehr ohne sein Geleit.«

Es war der heiterste Christabend, an den man sich in der Gemeinde erinnern konnte, und befriedigte die Menschen außerordentlich. Und selbst Mareike war, als sie davon hörte, mit ihrem Fieber versöhnt, denn wäre sie nicht krank geworden, wäre das alles nicht geschehen.

*

Diese Geschichte stößt uns auf die Frage, was denn die Inkarnation, die Menschwerdung Gottes überhaupt meinen kann. Wir bekennen in der christlichen Kirche, daß dieser Jesus aus Nazareth wahrer Mensch und wahrer Gott sei und daß man diese beiden Eigentümlichkeiten seines Wesens unvermischt und ungetrennt als Einheit der Person zu denken habe. Lassen sich solche schwierigen Gedanken durch eine derartige Erzählung begreiflich machen?

Nun, dem jungen Pastor und der Gemeinde war das traditionell vermittelte Bild der Heiligen Familie, bei der sich Göttliches und Menschliches irgendwie mischen und dadurch doch immer in einer gewissermaßen unwirklichen Abstraktheit verbleiben, plötzlich viel konkreter erfahrbar geworden. Jedenfalls, was »wahrer Mensch« heißt, war plötzlich deutlicher vor aller Augen. Freilich, das ist ja auch das einfachste und scheint in unserer Zeit, in der viele nicht recht wissen, wie Gottes Wirklichkeit zu denken ist, das Vernünftigste zu sein. Jesus war eben ein besonderer Mensch. Das war es. Mehr nicht.

Aber damit wäre alles, was Weihnachten den Glanz gibt, verflogen. Es wäre nur noch eine Arme-Leute-Idylle übrig geblieben, nützlich, um allerlei moralische Erwägungen anzustellen.

Aber mit der heilsamen Gnade wäre es nichts. Auch die Hoffnung, daß dieser Christus unsere Zukunft ist, die über den Tod hinausreicht, wäre sinnlos. Und die Lust zu guten Taten, wo sollte sie herkommen?

Nein, solch ein Krippenspiel und die gesamte weihnachtliche Bilderwelt, unsere Gottesdienste zum Christfest leben davon, daß es stimmt: »Gott wird Mensch, dir Mensch, zugute, Gottes Kind, das verbindet sich mit unserm Blute.« Aber wie denken wir das heute?

Ich denke das so: Gott ist mitten in unserer Welt jenseitig. Er ist der tragende Grund unseres Lebens. Ich nehme ihn in seiner Verborgenheit wahr, wenn ich das Geheimnis meines eigenen Lebens ernst nehme. Wir selbst sind ja ein Stück der Wirklichkeit dieser Welt, erleben sie von innen und ertasten als Person in unserem Fühlen und Fragen die Innenseite der Wirklichkeit. Wir fragen: Warum bin ich da? Wozu lebe ich in diesem Jahrhundert, in diesem Land mit seiner irren Geschichte, mit meinen Eltern, mit meinem Charakter und mit meinen selbst oder schicksalhaft verursachten Fähigkeiten, Mängeln und Krankheiten? Was müssen wir tun, damit unser Leben sich einmal gelohnt hat? Wir leben in tiefer Angst um uns selbst. Wir haben nicht nur Fragen, sondern befinden uns immer schon in Antwortsystemen. Antworten, die sagen: Wer nicht genug leistet, geht unter. Antworten, die auch sagen: Wenn du geliebt wirst, ist das fast eine Rechtfertigung deines Daseins. Aber wie weit reicht die Liebe von Menschen?

Als Christenmenschen stehen wir in einer Überlieferungsgemeinschaft, die sich Jesus aus Nazareth, der ein geborener Jude war und die Verheißungen Israels für uns zugänglich gemacht hat, verdankt. Die Menschen um Jesus haben empfunden, daß in, mit und unter seinem Reden Gott sprach. Ja, daß seine Person bis hin zu seiner Gemeinschaft mit den Elenden, ja sogar mit den an Kreuzen Getöteten, selbst Wort Gottes ist.

Sie haben sich darauf verlassen, daß Jesus Gottes Wort in Person ist. Sie haben das weitergegeben. Sie haben das zunächst für den erwachsenen Jesus zu denken versucht: In, mit und unter seinem Kommen, Reden, Handeln, Heilen, Helfen, Sterben und Auferstehen geschieht die Liebe Gottes, die wir Menschen als Existenz- oder Vertrauensgrund in guten und bösen Tagen brauchen.

Sie haben das ebenso für das Erscheinen Jesu in unserer Welt zu denken versucht. »Im Anfang war das Wort, und das Wort war bei Gott, und Gott war das Wort. Und das Wort ward Fleisch, ward Mensch und wohnte unter uns, und wir sahen seine Herrlichkeit«, schreibt Johannes (Joh 1,14). Um zu zeigen, daß dieser Mensch Jesus Gottes Wort in Person ist, muß zwischen Himmel und Erde unterschieden werden. Auf der Erde läuft es, als ob nichts Göttliches da wäre, denn Gott als der Grund unserer Wirklichkeit ist nicht mit Händen zu greifen. Aber die Engel als die Boten Gottes sagen es an, und der Himmel als der Goldgrund unserer Wirklichkeit ist erfüllt vom Lied der himmlischen Chöre, deren Wahrheit allen Menschen gilt, weil sie ihre Würde durch das göttliche Wohlgefallen erhalten.

Luthers große Weihnachtspredigt, die er im Winter 1521 auf der Wartburg geschrieben hat, unterscheidet Himmel und Erde, damit Gott im Alltag als wirksam gedacht werden kann.

»Siehe, wie gar schlicht und einfältig die Ding zugehen auf Erden und doch großgehalten werden im Himmel. Auf Erden geht es so zu: Da ist ein armes junges Weib, Maria zu Nazareth, gar nichts geachtet und unter den geringsten Bürgerinnen der Stadt gehalten, da wird niemand gewahr des großen Wunders, das sie trägt ... Oh welch finstere Nacht ist über Bethlehem gewesen, die eines solchen Lichts nicht sind inne geworden ... Was geschieht aber im Himmel über dieser Geburt? So verachtet sie ist auf Erden, so hoch und tausendmal mehr ist sie geehrt im Himmel.«

Davon müssen wir reden. Und wenn ich frage, wie der Glaube, wie dieses Kind in der Krippe, über dem insgeheim das Kreuz schon hängt, bei uns als Gott und Mensch erfahrbar, wird, dann antwortet Luther, wir müßten davon »sakramentlich« reden. Das heißt so reden, daß die göttliche Gabe und das irdische Ereignis im Glauben eins werden.

»Dann bedenken wir das Evangelium sakramentlich, wenn die Worte durch den Glauben das in uns wirken, was in ihnen ist. Christus ist geboren: Glaube, daß er dir geboren ist, so wirst du wiedergeboren. Christus hat Tod und Sünd besiegt: Glaube, daß er sie dir besiegt hat, so wirst du auch gesiegt haben. Das ist das Eigentliche des Evangeliums, das durch die menschlichen Historien nicht gegeben wird ... Christi Geburt ist die Ursach unserer (neuen) Geburt.«

Weihnachten sagt: Versuch es, dein Herz an dieses Kind in der Krippe zu hängen.

Paul Gerhardt hat es in seinem Weihnachtslied, mit dem er uns dazu verlocken will, eindrücklich formuliert:

Ich steh an deiner Krippen hier,
o Jesu, du mein Leben;
ich komme, bring und schenke dir,
was du mir hast gegeben.
Nimm hin, es ist mein Geist und Sinn,
Herz, Seel' und Mut, nimm alles hin,
und laß dir's wohlgefallen.

Ich sehe dich mit Freuden an
und kann mich nicht satt sehen;
und weil ich nun nicht anders kann,
bleib ich anbetend stehen.
O daß mein Sinn ein Abgrund wär'
und meine Seel' ein weites Meer,
daß ich dich möchte fassen.

*

Ich sehe dich mit Freuden an … – das läßt sich bei Franz von Assisi lernen. Die Weihnachtsfeier des Jahres 1223 war in mancher Hinsicht bemerkenswert. Am Heiligen Abend kamen Männer und Frauen aus der ganzen Gegend mit Fackeln und Lichtern zu der vorbereiteten Stelle, auch die Brüder aus mehreren Einsiedeleien waren erschienen. Da stand eine Krippe, gefüllt mit Heu; auch ein Ochs und ein Esel wurden herbeigeführt. Franz von Assisi sang das Evangelium von der Geburt Christi, und danach fing er zu reden an. Der Inhalt seiner Predigt war das Kind von Bethlehem, und er geriet dabei in solche Glut, daß er beim Aussprechen des Namens Jesu mit der Zunge über die Lippen fuhr wie einer, der eben eine köstliche Speise genießt.

Wie gut wäre das, wenn in unseren Gottesdiensten etwas von der Freude und Heiterkeit dieser Gottesnähe in dem Kind in der Krippe spürbar werden könnte. Ich erlebe es immer wieder, wie sich die Menschen freuen, wenn die tiefe Heiterkeit des Glaubens und das fröhliche Lachen der Christenmenschen einen Gottesdienst prägt.

Johannes 3,16–21

So hat Gott die Welt geliebt, daß er seinen eingeborenen Sohn gab, damit alle, die an ihn glauben, nicht verloren werden, sondern das ewige Leben haben …

Ist das ein weihnachtlicher Text? Ist damit nicht die Passion gemeint?

Matthias Grünewald, auf seinem Isenheimer Altar, hat die Windel für das Kind in der Futterkrippe und das Lendentuch für den Mann am Kreuz aus demselben Tuch gestaltet. Das soll wohl zeigen: Beides hängt zusammen. In Krippe und Kreuz hat Gott seinen Sohn in die Verlorenheit unserer Welt hineingegeben, um uns frei zu machen.

Unvermutet stößt man auch im alten Adventslied von Daniel Suderman darauf:

Und wer dies Kind mit Freuden
umfassen, küssen will,
muß vorher mit ihm leiden
groß Pein und Marter viel,
danach mit ihm auch sterben
und geistlich auferstehn,

ewigs Leben zu erben,
wie an ihm ist geschehn.

Der süße Christus, den unsere Weihnachtslieder besingen, ist nicht zu trennen von dem bitteren Christus, und es gibt eine Reihenfolge des Ergreifens und Begreifens, die unumkehrbar ist, schreibt Albrecht Goes zu diesem Lied.

Also, es ist sowohl ein Weihnachts- wie ein Passionstext. Die Worte »... daß er seinen eingeborenen Sohn gab ...« meinen bei Johannes die Menschwerdung als Erniedrigung und die Kreuzigung als Erhöhung.

In Krippe und Kreuz sucht uns Gott an den Verzweiflungsorten unseres Lebens auf.

Die Krippe besagt: Draußen vor der Tür ist er geboren.

Das Kreuz besagt: Draußen vor der Stadt ist er gestorben.

Ein Alptraum, wie du ihn dir selbst nie wünschen würdest! Das aber geschah für dich, damit du weißt, Gott liebt diese Welt, selbst in der tiefsten Verlassenheit bist du nicht verlassen. Er teilt dein Schicksal. Darum fürchte dich nicht.

Es gibt eine begeisterte Predigt Luthers über diesen Text:

»Das ist eines der herrlichsten Evangelien im Neuen Testament. Wenn's sein könnte, wär's billig, daß man's mit goldenen Buchstaben ins Herz schriebe, und ein jeder Christ sollt zusehen, daß ihm solche Worte ganz vertraut werden, und er soll sie sich im Herzen wenigstens einmal täglich vorsprechen, daß man sie wohl auswendig könnte. Denn da hört man Worte, die aus einem traurigen Menschen einen fröhlichen, aus einem toten einen lebendigen machen können, wenn man nur fest daran glaubt.

Wo ein Haus feil ist, wie rennt und kauft man da, als wäre unser Leben allein auf dies zeitliche Gut gesetzt. Hier aber, wo man so herrlich predigt, daß Gott seinen Sohn gegeben hat, da sind wir so träge, wie es höher nicht mehr gehen kann.

Der leidige Teufel macht's, daß wir so starr und kalt sind. Darum habe ich gesagt, man soll die Worte alle Tage mit aus dem Bett nehmen und Gott dafür danken: Also hat Gott die Welt geliebt, daß er seinen eingeborenen Sohn gab. Das sind die drei Stücke: Der Geber (Gott), die Liebe und die Gabe, nämlich Jesus Christus, mit dem nur alles ganz und gar gegeben ist. Wer an diese Worte denkt, den kann kein Teufel mehr schrecken, er muß fröhlich sein und sprechen: Ich hab deinen Sohn und du hast das Evangelium hinzugetan, gib Gnade, daß ich's glaube. So wird ein Mensch fröhlich und lustig, daß er gerne alles tut und leidet, weil er spürt, daß er einen gnädigen Gott hat. Wir wollen Gott anrufen, daß wir's glauben mögen und fröhlich darüber leiden, sterben und selig werden. Dazu helfe uns unser lieber Gott. Amen.«

*

Also hat Gott die Welt geliebt. Man muß es singen. Heinrich Schütz hat es vertont. Und wir können es zu entdecken versuchen in den vielen weihnachtlichen Erzählungen.

Dieses besondere Krippenspiel hatte die Jugendgruppe lange geübt. Nun war es soweit. Das Gemeindehaus war voll. Maria und Joseph suchten wieder das Quartier.

Klopfen an beim ersten Wirt und werden abgewiesen.

Klopfen an beim zweiten Wirt, ohne Erfolg.

Klopfen an beim dritten Wirt, und jeder weiß den Ausgang.

Aber dieser dritte Wirt ist ein Junge mit geistiger Behinderung.

Er hatte bei den Proben seinen Text wie alle anderen gewissenhaft gelernt und jedes Wort geübt.

Der Junge sieht nun Maria und Joseph. Maria hat sich den Bauch ausgepolstert und der hilflose und flehende Blick gelingt ihr gut, als sie um Quartier bittet.

Der behinderte Junge fühlt sich plötzlich wie ein richtiger Wirt, läßt seinen eingeübten Text fahren, und sagt laut und freundlich: »Na klar, kommt doch rein, habt ihr Hunger?«

Die Mitspieler erstarren und die Zuschauer wachen auf. Haben die in das Krippenspiel eine Variante eingebaut? Mit welcher Begründung wird er die beiden nun wieder hinauswerfen, denn im Stall müssen sie ja schließlich landen? Der dritte Wirt läßt sich derweil nicht beirren: »Kommt doch rein, drängt er freundlich, es ist zu kalt da draußen.«

Maria und Joseph gehen verunsichert durch die Tür und verschwinden hinter den Kulissen. Die Engel, die Hirten stehen verwirrt da. Das war nicht vorgesehen und war doch irgendwie richtig. Die Gemeinde beginnt zu tuscheln und zu lachen.

Die Pastorin geht nach vorn und sagt, jetzt hat der

Martin eigentlich genau das Richtige gemacht. Aber in den Stall müssen sie ja nun doch noch.

Also erscheinen Maria und Joseph wieder auf der Bühne, wandern zum Stall mit der Futterkrippe und alles geht seinen geordneten Gang. Die Hirten erschrecken wie verabredet und die Engel singen wunderschön und sehen auch noch so aus.

Aber in der Tür des dritten Wirtshauses steht Martin, der Wirt, schaut zu und strahlt über das ganze Gesicht. Und durch die Gemeinde geht eine große Heiterkeit, weil alle spüren, der Martin, der hat seine eigene Predigt gehalten.[14]

*

Man darf ja die Elenden um Gottes willen gerade zu Weihnachten nicht draußen vor der Türe lassen, auch wenn es die vorgesehene Ordnung durcheinanderbringt.

Aber es bleiben Menschen innerlich und äußerlich draußen. Deshalb ist es ein Segen, daß Gott uns in diesem Kind am Ort unserer Angst aufsucht.

Damit ist er das Zeichen der Zuversicht zwischen uns.

Christus ist das Licht, das in der Finsternis leuchtet.

Wer sich auf dies Licht verläßt, der erfährt die Finsternis seiner Lebensumstände nicht mehr nur als das Nein des göttlichen Richters. Wer aber dies Licht mißachtet, dem ist die Finsternis die einzige Wahrheit, und er muß sie auch noch zum Licht verklären.

Das aber ist das Gericht, daß das Licht in die Welt gekommen ist, und die Menschen liebten die Finsternis mehr als das Licht. (Joh 3, 19)

Woran wir unser Herz hängen, daran entscheidet sich's.

Manchmal beschleicht mich bei der Predigtvorbereitung zwischendrin die Angst, ob das etwas für Menschen von heute ist. Wo spricht das die Jüngeren an? Trifft es die Tatkräftigen? Hilft es den Hilflosen?

Wird es mir in der Weihnachtspredigt gelingen, solchen wie den beiden, die mir vor einem Jahr »Tschüß bis zum nächsten Jahr« sagten, damit etwas mitzugeben, was ein Jahr hält?

Ist der Gedanke, daß Gott Mensch wurde, nicht eher abwegig?

Wird Gott heute überhaupt als wirksam erlebt?

Kommen wir uns nicht viel abhängiger von der Technik vor, wenn wir etwa an das Unglück von Eschede denken?

Sind wir angesichts der wesentlich mit Nervenkitzel und unterschwelligen Heilsversprechen arbeitenden Angebote heutzutage überhaupt konkurrenzfähig? Müßten wir, um mithalten zu können, nicht erlebnisstärkere Events, aufregender inszenierte Ereignisse anbieten?

Was rührt unsere Seele wirklich und nachhaltig an?

Du wirst ihnen nichts geben können, flüstert mir die Angst zu. Sie sind in einer anderen Welt zu Hause. Du triffst ihre Sprache nicht. Du triffst nicht ihr Herz. Sie werden den Abend zum Eintauchen in ihre kitschige Kindertraumwelt nutzen.

Anfechtungen, sagt Dr. Martinus, sind Umarmungen Gottes. Du darfst in deiner Angst Gottes Nähe entdecken.

*

Ich habe kurz vor Weihnachten etwas Erstaunliches erlebt:

Freitags vor Heiligabend war es – 21.00 Uhr. Eine eiskalte große alte Scheune in Jerze bei Bockenem. Die dritte Veranstaltung an dem Tag. Seit 14 Jahren, immer freitags, samstags, sonntags vor dem 4. Advent. Über 3000 Menschen an einem Wochenende.

Ein kleines Dorf mit einem alten Gut in der Mitte. In der Scheune wohl 400 Menschen, viele jüngere Leute dabei. Wir sitzen auf den gepreßten rechteckigen Strohballen. Wie in einem Amphitheater ansteigend haben sie das gestapelt. Man sitzt gut und warm darauf. Sind das regelmäßige Kirchgänger? Ein großer Teil wohl kaum. Aber sie kennen sich mit der Scheune aus, haben dicke Mäntel und Decken mitgebracht, Kaffee in der Thermoskanne dabei.

Vorne links ein Gatter mit echten Schafen. Rechts zwei Esel, festgebunden, ebenfalls echt – den ganzen Abend zu beobachten. Ich wußte gar nicht, was Esel alles mit ihren Ohren machen können.

In der Mitte wird die Weihnachtsgeschichte gespielt. Maria und Joseph, das Kind in der Krippe durch eine dicke Kerze symbolisiert. Christus das Licht der Welt. Die Hirten. Die Schar der Engel. Erwachsene und Jugendliche. Epiphanias wird schon vorweggenommen: Die heiligen drei Könige, der Tierarzt und ein Rechtsanwalt aus der Nachbarschaft. Die Gerüche sind echt und das Schäfchen, das der Hirt zur Krippe bringt, mäht ordnungsgemäß.

Und die Menschen sind ganz still und hören auf die Dialoge in ihrem altertümlichen Deutsch. Keine Verbeugungen vor dem neuzeitlichen Geschmack. Und – unfaßbar – kein Mensch blitzt mit seinem Fotoapparat dazwischen. Alle hören atemlos zu. Der zweite der drei Könige erklärt zu Gold, Weihrauch und Myrrhen, die Myrrhen seien für den Tod, fürs Einbalsamieren. Die Nähe der Futterkrippe zum Kreuz. Gemeinsame Weihnachtslieder zwischendrin.

Eine jugendliche Stimme singt: »Ich steh an deiner Krippe hier, o Jesu, du mein Leben …«

Und ich sitze dazwischen und denke, Mädchen, was singst du da? O Jesu, du mein Leben … und denke an mein eigenes. Was ist es, weiß ich's? Hundertmal verspielt und hundertmal gewonnen. Gratwanderungen. Und wenn Jesus mein Leben ist – such dich nur in Christus, sagt Dr. Luther – wer bin dann ich? Was sind unsere Tage und Jahre, rinnen sie dahin ins Nichts, oder doch in deine Hände?

Was wird da alles hochgespült beim Zuhören – und jeder sitzt da, erlebt die schönste aller Geschichten dieser Welt mit und umrankt sie mit seinen persönlichen Empfindungen, Kindheitserinnerungen, Verletzungen und Sehnsüchten.

Was löst das alles aus? Bei manchen kullern die Tränen. Mein Blick bleibt im alten Balkenwerk der Scheune hängen. Ist das Alte das Überholte, oder ist es uns, gerade weil es quer zur Zeit steht, weit voraus?

*

Es ist ja wahr, für die Predigt müssen wir unsere Zeit, ihre Hörgewohnheiten, Hoffnungen und Sorgen sorgfältig bedenken:

Kommen meine Worte gegen den Geräuschpegel an? Rühren sie an die Herzen? Jeder kommt aus der ihm eigenen Hektik. Wir haben alle unsere alltägliche Ersatzreligiosität, die uns stabilisiert. Wir haben unser Herz an Dinge und Beziehungen gehängt und nehmen unser gutes Grundgefühl von daher – und wehe, wenn da Heiligabend etwas schiefläuft. Jeder lebt sein eigenes Stück Aberglauben. Worauf du dich verläßt, das ist dein Gott.

Ich denke wieder an die Scheune, an die Esel, an die vielen Menschen aller Altersstufen, an die aufmerksame Stille und sage mir: Du spinnst mit deinen Sorgen. Oder besser vielleicht: Nimm die Sorgen als Stachel, damit du nicht zu blauäugig bist.

Aber wir feiern doch in dieser Nacht das grundlegende Ereignis für unser Leben.

Gott kommt zur Welt, weil er sie liebt, ganz gleich, ob's ihr gefällt. Wir haben dieses wunderbare weihnachtliche Gemälde des Lukas. Wir haben Luthers einmalige Übertragung in das Haus unserer Sprache. Wir haben die weihnachtlichen Gesänge – mögen sie in den Kaufhäusern zersungen sein, an diesem Abend gewinnen sie ihre alte Kraft, das Herz zu berühren.

Und die Menschen, ja, sehr viele kommen mit der tiefen Erwartung, sie möchten durch alle Verwirrungen ihres Lebens hindurch von diesem göttlichen Geschehen angerührt werden. Sie möchten etwas gewinnen von der Zuversicht des Herzens.

Also gilt es, zuversichtlich, erdverbunden, theologisch anspruchsvoll und in bildhafter Verständlichkeit die Hauptsache zu traktieren: »Also hat Gott die Welt geliebt, daß er seinen eingeborenen Sohn gab ... auf daß alle, alle, alle, alle, die an ihn glauben, nicht verloren werden ...« Und ein Zipfel Glauben reicht, wenn wir begreifen, wie sich das in unser Leben umsetzt.

*

Albrecht Goes, der Dichterpfarrer erzählt:

»Vielleicht waren wir alle dem wirklichen Weihnachten nie so nahe wie in jenem dunkel-dunkelsten Jahr 1944, in dem es uns so ganz gebrach an allen Möglichkeiten, ins Freundlich-Dumpfe zu entfliehen.« Er erzählt, wie er sich in der Christnacht gegen Morgen irgendwo im hinteren Österreich, einsam in einem kalten Zugabteil vorfindet.

»Ich wollte an ein Weihnachtslied denken, aber ich war viel zu müde und zu durchfroren, um es nur vor mich hinzusummen.

Da machte ich am Fenster eine kleine Kerze fest, zündete sie an und hielt zuweilen ein wenig die Hände über die winzige Flamme. Es tat wohl; aber weihnachtlich, was man so weihnachtlich heißt, war mir durchaus nicht zumute. Unversehens jedoch kam mir eine von den schönen Geschichten Tolstois in den Sinn, die Geschichte vom Pjotr Michejew, von dem Bauern, der den bösen Verwalter besiegte.

Die Bauern mußten auf Geheiß des bösen Verwalters am heiligen Osterfest pflügen, und sie rächten sich mit Scheltworten und schlimmen Verwünschungen. Nicht so aber Pjotr Michejew. Er – so heißt es – hatte das Fünfkopekenwachslicht für den Ostergottesdienst ans Querholz seines Pfluges geklebt. So pflügte er und sang zugleich sein ›Christ ist erstanden‹.«

So erzählt Goes. »Als man mich am Abend fragte: ›Und Sie waren ganz allein?‹ – da gab ich doch aus überzeugtem Sinn heraus die Antwort: ›Zunächst – ja, ganz allein. – Aber es war alles da!‹«[15]

*

Was ist das? Opium des Volkes?

Es ist zuerst einmal eine Veränderung der Blickrichtung. Die fluchenden Bauern hatten sich durch das zugefügte Böse gefangennehmen lassen. Ihr Schimpfen machte sie nicht frei, sondern nagelte sie nur fester ans Böse.

Der eine aber, der hatte eine andere Blickrichtung. Der schaute auf die Kerze, die auf Christus wies, und war dadurch frei. Der böse Verwalter hatte keine Macht mehr über sein Herz.

Der Bauer mit der Kerze. Das ist ein hinreißendes Bild von der Freiheit eines Christenmenschen, durch die wir in Gelassenheit die Wege finden können, auf denen die uns von Gott zugemutete und anvertraute Welt sich ertragen und heilen läßt.

Dies Kind in der Krippe gibt unserem verlorenen Leben eine Würde, die uns niemand nehmen kann, die uns stabil und innerlich frei macht, daß wir den Kopf und die Hände frei haben für unseren Dienst am Nächsten.

Jesaja 9, 1–6

Zu meinen vergnüglichen vorweihnachtlichen Kirchenvorstandssitzungen gehört eine, in der wir überlegten, was für Heiligabend noch zu bedenken sei. Die Sammler wurden eingeteilt. Es mußten genügend da sein, um vorher die Stühle zu schleppen. Für die Küsterin war das zuviel.

Aber keiner hatte richtig Zeit. Schließlich sagte einer: »Müssen wir überhaupt diese Stühle schleppen? Das ist doch nur für die, die sonst das ganze Jahr nicht da sind. Immer diese Stuhlschlepperei aus dem Gemeindesaal über die Straße in die Kirche. Wir machen das dieses Jahr nicht, die sollen stehen …«

Es gab überraschend viele, die nickten. Ich wurde schon ganz nervös. Bis einer sagte: »Wie wollt ihr das machen, die kommen doch immer schon so früh, nachher sitzen die und wir stehen.«

Das gab ein großes Gelächter und ein gutes Gespräch. Wir sprachen über die studierenden Kinder, die im 18.00-Uhr-Gottesdienst mit ihren Eltern da sind, über die seltsame Mischung der Menschen, die in der Christnacht zusammenkommt. Warum kommen sie – auch in diesem Jahr wieder?

Voll tiefer Sehnsucht nach einem guten Abend in der

Kirche mit alten Liedern und Texten, mit Worten, Erzählungen und Bildern, die heute stimmig sind und innerlich anrühren. Gleichzeitig sind viele mit dem kritischen Urteil erstaunlich schnell dabei. Es ist allerdings oft nur ein Ausdruck einer so intensiven Erwartung geistlichen Nach-Hause-Kommens, daß die Realität des Gottesdienstes dahinter zurückbleiben muß.

Vielleicht kommt es darauf an, mit einer gewissen Kühnheit und kontrollierten Zurückhaltung das zu sagen, was uns ganz persönlich am Weihnachtsgeschehen neu aufgegangen ist, und gleichzeitig Zutrauen zu haben in die einfachen alten Worte.

Das Volk, das im Finstern wandelt, sieht ein großes Licht, und über denen, die da wohnen im finstern Land, scheint es hell … Du machst groß die Freude, wie man sich freut in der Ernte, wie man fröhlich ist, wenn man die Weihnachtsbeute austeilt … Denn jeder Stiefel, der mit Gedröhn einhergeht, und jeder Mantel durch Blut geschleift, wird verbrannt und vom Feuer verzehrt. Denn uns ist ein Kind geboren.

Das Friedensreich wird erwartet. Ein Mensch, der noch Kind ist, wird es heraufführen. Wie in einem Thronbesteigungspsalm wird er gepriesen. Recht und Gerechtigkeit wird er durchsetzen. Des Friedens wird kein Ende sein von nun an bis in Ewigkeit.

Ein herrlicher Text, der mit seinen archaischen Bildern unsere Seele besetzen soll. Er hat vielerlei »Sitze im Leben«. Es ist nicht ganz sicher, aus welcher Zeit der Text stammt. Aber ganz gleich, ob er aus der Zeit Jesajas stammt (Albrecht Alt u. a.) oder ob er aus der Zeit nach dem Exil kommt (Otto Kaiser u. a.), die

Situation ist verständlich. Menschen befinden sich im äußeren Elend durch Armut, Krieg und Ungerechtigkeit. Solches Elend drückt die Menschen letztlich deshalb so nieder, weil sie es sich nur als Zeichen der Abwesenheit Gottes deuten können (Jesaja 63,15 – 64,6).

Jeder kennt das: Schwierigkeiten sind meist zu ertragen, aber wenn das Empfinden hinzu kommt, mein Leben verrinnt sinnlos, ich kann die Gewißheit der Nähe Gottes nicht mehr empfinden, dann wird es ganz schwierig. Aber, so zeigt dieser Text, es gibt berechtigte Aussichten, daß sich die Lage ändert durch einen Herrschaftswechsel. Das steht noch aus und steht doch nah bevor. Das Kind ist schon geboren, das zeigen wird, daß Gott wieder der Herr ist und den Seinen nahe.

Die Freude des Textes ist die überbordende Freude derer, die sich das Neue in glänzenden Farben ausmalen. Der Krieg und das Unrecht werden abgeschafft, Frieden und Gerechtigkeit werden ewig währen.

Als Ausdruck der Freude ist das gut zu verstehen. Wir kennen solche überschäumenden Freudenausbrüche, etwa, als im Herbst 1989 nach dem Fall der Mauer die ersten Trabbis herüberkamen. Manchmal muß es Jubeltage geben, an denen man nicht depressiv-realistisch über den ausstehenden mühsamen Weg sinniert.

Freilich, wenn man die Freudenaussagen des Textes realistisch nimmt, kommen Fragen auf. Haben wir nicht Erfahrungen damit, daß neue friedlichere Zeiten kommen, und die Leute empfinden nur für sehr kurze Zeit, daß das ein Grund ist, Gottes Freundlichkeit und Zuwendung zu feiern?

Wir können uns freuen über Friedensprozesse, die mit Klugheit in Gang gesetzt werden und durch Einsicht und politischen Druck jedenfalls teilweise Erfolge haben. Und wir können darum beten, daß es trotz aller Feindseligkeiten mit dem Frieden vorangeht. Aber wer möchte Jesaja 9 in diesem Zusammenhang zitieren? Das, was wir an Waffenstillständen, an relativem Frieden, an relativer Gerechtigkeit schaffen, verträgt nicht die großen Worte des Jesaja-Textes.

Und wo mit großen Worten ein Reich der Freiheit, gar ein tausendjähriges Reich versprochen wurde in unserem Jahrhundert, sind noch immer Gefängnisse daraus geworden. Das »Reich des Friedens und der Gerechtigkeit« wird es unter den Bedingungen dieser Zeit nicht geben. Das, was Jesaja beschreibt, ist keine menschliche und geschichtliche Möglichkeit. Es ist allein Gottes Werk.

Eine Frage bleibt allerdings hoch aktuell. In der Bilderwelt dieses Textes wird die Gottesnähe, das Licht, das über denen aufgeht, die in Finsternis und Schatten des Todes sitzen, gebunden an die Veränderung der Verhältnisse zum Guten. Gottes Nähe und Zuwendung ist erfahrbar, wenn der Krieg vernichtet wird, wenn der Kranke wieder gesund wird, wenn Gerechtigkeit herrscht. Das entspricht auch unserer Vorstellung. Nur der kann glücklich sein, dessen Schaden repariert ist.

Ja, wir haben als Christen den Marx'schen Vorwurf immer noch in den Knochen: Ihr windet doch nur Blumen um die Ketten der Elenden. Erst müßt ihr die Ketten abschaffen. Das ist einleuchtend. Und gleichzeitig falsch. Denn wollten wir warten, bis alles, was als Kette, was als Finsternis empfunden wird, beseitigt ist, Gottes Nähe könnte nie wirksam werden. Das erleben wir doch in diesen Jahren. Die Menschen aus anderen

Ländern beneiden uns angesichts der bei uns möglichen Rechtssicherheit, der medizinischen und sozialen Versorgung. Wir hingegen reden über unsere Probleme, but on a very high level.

Und darüber hinaus, was sollen die sagen, die mit ihrer nicht mehr heilbaren Krankheit leben müssen, oder jene, die lebenslang mit den Folgen eines Unglücks oder einer Schuld fertig werden müssen?

Wie ist die frühe Christenheit damit umgegangen, daß der Jesajatext sich die Befreiung als reale Befreiung vorstellt, sie aber so überbordend schildert, daß sie irdisch nicht möglich ist, also letztlich doch auf Gottes Handeln wartet?

Die Christenheit hat gesagt, wir halten die große Hoffnung fest. Sie muß als Zielangabe und kritisches Element immer in unseren kleinen Möglichkeiten anwesend sein. Aber wir haben das Licht in der Finsternis, die Nähe Gottes für die Elenden ganz anders und viel realitätsnäher erfahren!

Bei Lukas (1,79) und Matthäus (4,16) wird dieser Text direkt mit dem Auftreten Jesu zusammengebracht. Er verkündigt die Nähe des Reiches Gottes und nimmt in seiner Person das Kommen Gottes und seines Reiches partiell vorweg. Wo Jesus ist, muß das Böse weichen. Er lädt die, die in Finsternis und Schatten des Todes sitzen, an seinen Tisch und nimmt das himmlische Freudenmahl zeichenhaft vorweg. Er heilt Lahme, Aussätzige und Blinde, verkündigt den Armen die Frohe Botschaft von der Nähe Gottes.

Bindet also auch Jesus die Gottesnähe an erfahrbares Heilwerden? So scheint es. Was bedeutet es aber, daß dies ja nur Zeichen sind, daß real die meisten Menschen auch damals in Finsternis und Schatten des Todes blieben? Sind das Leid und die Ungerechtigkeit wirklich sichere Zeichen der Gottverlassenheit und das Wohlergehen und die Gerechtigkeit klare Beweise der freundlichen Nähe Gottes?

Machte das nicht nur Sinn, wenn Jesus wirklich das Reich Gottes mit Macht herbeigeführt hätte? Und da das nicht geschah: Besteht die jüdische Anfrage nicht zu Recht, ob denn einer, der scheitert, der selbst zu denen zählt, die in Finsternis und Schatten des Todes sitzen, wirklich der Messias sein kann?

Hier setzt die Botschaft von KRIPPE und KREUZ ein. Die Kreuzigung Jesu hat den Jüngern gezeigt, daß die Gottesnähe, die Jesus durch sein Helfen und Heilen verkörpert hat, nicht ausreicht. Die Erfahrung, in Finsternis und Schatten des Todes von Gott getrennt zu sein, bleibt Teil unseres Lebens. Darum mußte auch dieser Jesus von Nazareth, der doch Gott selbst vertrat, in die Gottverlassenheit des Kreuzestodes hinein. Mit all dem, was das an Verzweiflung bei den Jüngern auslöste.

Dann aber, als die österliche Sonne mit ihrem hellen Schein die Schatten der Finsternis und des Todes vertrieb, wuchs unter den Jüngern die neue Erkenntnis: In Jesus ist Gott mit denen, die in Finsternis und Schatten des Todes sitzen, solidarisch geworden. Das Kreuz im österlichen Licht macht die, die sich von Gott und allen guten Geistern verlassen vorkommen, der Nähe Gottes in ihrer Finsternis gewiß, und diese Gottesnähe ist ewiges Leben. »Weil du vom Tod erstanden bist, werd ich im Tod nicht bleiben« (Nikolaus Herman).

Die Christenheit hat das in der Weihnachtsgeschichte verarbeitet. Das, was die Engel sagen und singen, lebt aus der österlichen Erkenntnis. Das, was im Stall und in der Krippe zu sehen ist, wird verständlich durch das Kreuz. »Er ist auf Erden kommen arm, daß er unser sich erbarm« (Martin Luther).

Himmel und Erde aber werden verbunden durch das Kind, das geboren ist, und durch die große Freude, die darüber alle erfaßt. »Lob, Preis und Dank, Herr Jesu Christ, sei dir von mir gesungen, daß du mein Bruder worden bist und hast die Welt bezwungen« (Johann Rist).

Was hilft das denen, die in Finsternis und Schatten des Todes sitzen? Es bedeutet für den, der es für sich ergreift, eine große Befreiung. Die Schatten und die mich bedrückenden Ereignisse verlieren ihre niederziehende Kraft. Christus ist mit dabei, leidet und trägt mit und ist gleichzeitig das Licht am dunklen Ort.

Ist das dann aber nicht doch »Opium des Volkes«, Stabilisierung ungerechter Verhältnisse?

Nein, niemals! Es ist die Stabilisierung des Menschen am Ort ungerechter Verhältnisse. Das ist etwas ganz anderes. Darin liegt »Widerstand und Ergebung«. Ich bin viel unabhängiger in den Widrigkeiten der Zeitläufe. Ich habe die Gewißheit der Gottesnähe am dunklen Ort. Wovor sollte ich mich fürchten? Ich bin versöhnt mit meinem Leben, gleich wo ich bin. Ich kann die menschenmöglichen Verbesserungen fröhlich angreifen und muß doch nicht mein Herz daran hängen, weil ich längst der Gottesnähe, also des unverlierbaren Glückes gewiß sein kann.

Johannes 7,28f

Im apokryphen Thomasevangelium gibt es ein kräftiges Jesuswort zu den Schriftgelehrten. Von ihnen sagt Jesus: Sie sind wie die Hunde, die in den Futterkrippen der Ochsen schlafen. Selber fressen sie kein Heu. Aber sie hindern die Ochsen daran, sich zu sättigen.

Futterkrippe und Ochse erinnern an Weihnachten, und das Wort selbst ist eine schöne Mahnung für Predigerin und Prediger, aber auch für jeden, der die weihnachtliche Botschaft zu Hause einbringen möchte, die Futterkrippe freizugeben.

Der für die Christvesper vorgeschlagene Predigttext steht Johannes 7,28f.:

Jesus lehrte im Tempel und rief: Ihr kennt mich und wißt, woher ich bin. Aber nicht von mir selbst aus bin ich gekommen, sondern es ist ein Wahrhaftiger, der mich gesandt hat, den ihr nicht kennt. Ich aber kenne ihn; denn ich bin von ihm, und er hat mich gesandt .

Dieser Predigttext ist nicht sehr weihnachtlich. Wenn man ihn Heiligabend vorläse, würde die versammelte volkskirchliche Gemeinde vermutlich kaum angesprochen sein. Man kann ihn sich auch schlecht merken.

Viele Pfarrer/innen werden ihn nicht nehmen und statt dessen über eine Passage aus der lukanischen Weihnachtsgeschichte predigen oder den Text für die Christnacht auslegen (Hesekiel 37,24–28).

Ich nutze die vorgeschlagenen Predigttexte zum Christfest in der Regel als eine Art Sehhilfe für die Weihnachtsgeschichte.

Johannes 7,28 f. verweist uns auf das Geheimnis Jesu. Der Kontext ist ein johanneisches Streitgespräch über die Frage der Identität Jesu. Ist er der Christus oder nicht? Ein Argument in diesem Streitgespräch ist seine Herkunft. Wenn bekannt ist, woher er kommt, wie kann er der Messias sein (»Was kann aus Nazareth Gutes kommen«, vgl. Joh 1,45)? Jesus nimmt die Anfrage auf: Ja, ihr wißt, woher ich komme. Aber dennoch gilt, ihr habt mein Geheimnis nicht begriffen. Ich bin nicht in eigener Machtvollkommenheit aufgetreten, sondern der wahrhaftige Gott hat mich gesandt. Ihr aber kennt ihn nicht. Denn wenn ihr ihn kenntet, wüßtet ihr, daß ich von ihm gesandt bin.

Dieser Predigttext stößt uns auf den Kern der Weihnachtsgeschichte. Wer wird da geboren? »Wahr' Mensch und wahrer Gott, hilft uns aus allem Leide, rettet von Sünd und Tod.« Das ist das eigentlich Spannende an der Weihnachtsgeschichte, aber auch das Schwierigste. Gern beschreiben wir ja die weltlichen Umstände der Weihnachtsgeschichte. Den Kaiser Augustus mit seiner pax romana, die – immerhin – einen relativen, wenn auch nur mit Gewalt aufrechtzuerhaltenden Frieden herstellt. Die Steuerschätzung, die Herbergssuche, das Quartier im Abseits, Stallbesetzer, die kleinen Leute, Hirtenvolk, die das große Ereignis als erste erfahren.

Luther malt das in seiner Wartburgpostille von 1522 wunderbar aus: »Da ist ein arms, junges Weible, Maria zu Nazareth, für nichts geachtet und zu den geringsten Bürgerinnen der Stadt gerechnet ... Meinethalben sollen sie einen Esel gehabt haben, darauf Maria gesessen sei – wiewohl das Evangelium nichts davon sagt und wahrscheinlich ist, daß sie zu Fuß gegangen ist ... Wieviel Weiber und Töchter der großen Herren sind wohl zu der Zeit in guter Ruhe und grossem Ansehen gewesen, dieweil hier diese Gottesmutter mitten im Winter zu Fuß mit schwerem Leib über Feld reiset! Wie ungleich geht es zu! ... Aber die Geburt selber ist noch erbärmlicher ... ohn Licht, ohn Feuer, mitten in der Nacht ist sie da im Finstern allein, niemand bietet ihr einen einzigen Dienst an ... In der Herberg ist jedermann voll und toll, ein Schwarm von Gästen aus allen Orten: dieses Weibs nimmt sich niemand an. Ich acht, sie hab auch selbst ihre Geburt nicht so bald erwartet, sie wäre sonst vielleicht zu Nazareth blieben. Nu denk: was mögens für Tüchle gewesen sein, darein sie ihn gewickelt? Vielleicht in ihren Schleier oder, was sie sonst an ihrem Leibe hat entbehren können. Daß sie ihn aber in Josephs Hosen sollt gewickelt haben, wie man zu Aachen zeigt, das lautet allzu lügenhaft und lächerlich. Es sind Fabeln, wie sie wohl mehr in aller Welt sind. Aber ... daß Christus im kalten Winter, im fremden Land, über Feld, so verächtlich und so ärmlich geboren wird ... Es ist ihr geschehen wie anderen Weibern und ist mit guter Vernunft und mit Zutun ihrer Gliedmaßen zugegangen, wie sich zur Geburt ziemet, auf daß sie seine rechte natürliche Mutter und er ihr natürlicher rechter Sohn wäre.«

Diese Seite läßt sich ausmalen, zu Recht mit manchen gesellschaftskritischen Gedankengängen versehen und theologisch als Vorabbildung des Kreuzes begreifen. Aber die andere Wahrheit: »Es ist ein Wahrhaftiger, der mich gesandt hat, den ihr nicht kennt«, die ist sehr viel schwerer erlebbar zu machen. Vielleicht sogar deshalb, weil sie in der Weihnachtsgeschichte so kunstvoll in die Alltagswirklichkeit hineinverwoben ist. Der Vorhang des Vordergründigen schiebt sich beiseite und gibt eine Engelwelt frei, die sich scheinbar herrlich malen und vermarkten läßt.

In Wirklichkeit bedeutet das jedoch: Gottes Wort in Person kommt zur Welt.

Angestoßen von dem Predigttext werde ich also wahrscheinlich in der Predigt Lukas 2, Vers 11 und 12 und Johannes 7, Vers 29 zusammen zu bedenken versuchen.

Die Gefahr ist ja, daß wir immer wieder nicht richtig wahrnehmen, was hier geschildert wird. Dabei gehen die Fragen, Erwartungen und Sehnsüchte unserer Zeit durchaus in diese Richtung. Ich habe den Eindruck, die Menschen wollen von uns wissen, ob es denn wohl wirklich diese Welt Gottes gibt, die in der Weihnachtsgeschichte plötzlich aufstrahlt. Der Weihnachtsgeschichte möchte man's glauben, schon wegen des festlichen Glanzes, den sie in unsere von Menschen zu machende und gemachte Welt schiebt. Aber der Johannestext behauptet, daß der Mensch Jesus von Gott her ist. Er ist der Offenbarer. Er ist das Mensch gewordene Wort Gottes. Dies Geschehen soll die persönliche Lebenssituation eines jeden von uns klären. Wie soll das wahr sein?

Die Sehnsucht nach einer jenseitigen Wirklichkeit,

die unser Leben trägt, die uns gesund erhält, wo es soviel Krankmachendes gibt, die uns die glückliche Hand im Umgang mit Menschen schenkt, die ein erfülltes Leben gibt, die kennen wir alle. Besonders wenn das, was wir tun oder was uns zustößt, eher der Finsternis zuzurechnen ist als dem Licht, haben wir solche Sehnsucht. Aber wie soll das in unserer von Menschen zu verantwortenden Welt durch einen, der vor bald 2000 Jahren geboren und gestorben ist, real vorstellbar in Erfüllung gehen?

Gotteserfahrung läßt sich nicht argumentativ herstellen. Sie entspringt viel eher dem aufmerksamen Zuhören, der erwartungsvollen Betrachtung, dem auf Untertöne achtenden, aufmerksamen Leben.

In seiner Weihnachtspredigt von 1522 schreibt Luther:

»Das Evangelium ist so klar, daß es nicht viel Auslegens bedarf, sondern es will nur wohl betrachtet, angesehen und tief zu Herzen genommen sein. Und niemand wird mehr Nutzen davon haben als die, die ihr Herz stille halten, alle Ding ausschlagen und mit Fleiß in es hineingehen, gleichwie sich die Sonne in einem stillen Wasser gar leicht sehen lässet und kräftig wärmet, während sie im rauschenden laufenden Wasser nicht so gesehen werden, auch nicht so wärmen kann … siehe zu, daß du stille seist und dies Bild tief ins Herz fassest …«

Die Sehnsucht, sich darauf zu verstehen, ist die Voraussetzung für die Weitergabe des Glaubens, die Voraussetzung für die Predigt. Das Überraschende ist dann allerdings, daß diejenigen, die sich in die weihnachtlichen Texte hineinbegeben, die Wahrheitsfrage, ob denn Gott heute wirklich da ist, auf seltsame Weise

»gelöst« bekommen. Sie erleben, daß dieses weihnachtliche Geschehen, besonders wenn wir die Verbindung von Krippe und Kreuz bedenken, dem wirklichen Leben standhält. Unsere Sehnsüchte nach einem heiteren Leben werden nicht einfach erfüllt. Aber unsere Dunkelheiten sind in der Nähe von Krippe und Kreuz nicht mehr nur finster.

Darüber möchte ich hauptsächlich nachdenken. Dadurch werden dann auch die anderen Überlegungen zum Christfest, die kritischen, die seelsorgerlichen und die praktischen, ihr richtiges Gewicht bekommen.

Quellennachweis

Für Zwecke der Auslegung und Predigt wurden Beispielgeschichten in Einzelfällen aus der Erinnerung des Verfassers zitiert. Nicht in jedem Fall konnte die ursprüngliche Quelle ermittelt werden. Der Verlag ist für weitere Hinweise dankbar.

Luther-Zitate sind i.d.R. wiedergegeben nach: Erwin Mühlhaupt (Hg.), D. Martin Luthers Evangelienauslegung, Bd. 1, Göttingen, [5]1984.

Die Originalveröffentlichungen, soweit bekannt, sind im Folgenden aufgeführt.

1 Ernst Bloch, Das Prinzip Hoffnung, Frankfurt/M. 1959, S. 1488.

2 Nach Werner Reiser, »Euch ist ein Kind gegeben«, in: ders., Die drei Gaben, Friedrich Reinhardt Verlag, Basel [2]1977, S. 23ff.

3 Frei erzählt nach Ideen aus Dino Buzatti, Zuviel Weihnachten, in: D. Steinwede (Hrsg.), Tiere, die von Weihnachten erzählen, Gütersloh 1995, S. 84ff.

4 Aus der Erinnerung erzählt nach R.v. Ostau, Quelle unbekannt.

5 Vgl. Berthold Brecht, Das Paket des lieben Gottes, in: ders., Prosa, Bd. 1, edition Suhrkamp, Frankfurt 1980, S. 189ff.

6 Nach einer Idee von D. Mendt, in: Assoziationen, Gedanken zu biblischen Texten, Bd. 5, hg. v. W. Jens, Radius-Verlag, Stuttgart 1982.
7 Hanns Lilje, Im Finstern Tal. Hg. von Hans Otte unter Mitarbeit von Arnulf H. Baumann, Horst Hirschler u. Harry Oelke. Lutherisches Verlagshaus, Hannover 1999, S. 68–70.
8 Aus dem Gedächtnis zitiert, genaue Quelle unbekannt.
9 Nach: Paul Auster, Smoke/Blue in the Face. Zwei Filme, Rowohlt TB, Reinbek 1995.
10 Ernst Bloch, Spuren, Frankfurt 1959, S. 260.
11 Jean Paul, Siebenkäs, Editions Recontre, Lausanne o.J., S. 268ff.
12 Dietrich Bonhoeffer, Gesammelte Schriften, Bd. 2, © Chr. Kaiser/Gütersloher Verlagshaus, Gütersloh, S. 571ff.
13 Nach Dietrich Mendt (Hrsg.), Mache dich auf – werde Licht!, Stuttgart 1994, S. 450ff.
14 Aus der Erinnerung nacherzählt, Quelle unbekannt.
15 Albrecht Goes, Christtagswege, © 1984 by Radius-Verlag, Olgastr. 114, 70180 Stuttgart, S. 40f.

Verkündigung im Advent und zu Weihnachten

Advent und Weihnachten

Werkbuch zum Evangelischen Gesangbuch, Lieferung I

Herausgegeben im Auftrag der Evangelischen Kirche in Deutschland von Wolfgang Fischer, Dorothea Monninger und Rolf Schweizer

Mit einem Geleitwort vom Vorsitzenden des Rates der Evangelischen Kirche in Deutschland.
1993. 112 Seiten DIN A4, Loseblatt, gelocht
ISBN 3-525-50309-1

Die Subskribenten (mit der Verpflichtung zur Abnahme aller 6 Lieferungen des Werkbuchs) erhalten kostenfrei einen Ringbuchordner.

Das Werkbuch will Kirchenmusiker und Pfarrer mit dem Gesangbuch vertraut machen. Unterschiedliche kirchliche Arbeitsbereiche werden berücksichtigt, vielfältige Einsatzmöglichkeiten angeboten. Neben grundsätzlichen Überlegungen und praktischen Hilfen bietet die Lieferung zahlreiche Notenbeispiele zu neuen und bekannten Liedern.

Hans-Dieter Stolze
Advent

Verkündigung, Liturgie, Feier
Beiträge von Helmut Halfter und Hartmut Handt
Dienst am Wort, 59. 1992.
160 Seiten mit 2 Abbildungen und 2 Dias, kartoniert
ISBN 3-525-59323-6

Unter den Stichwörtern Erwartung, Vorläufigkeit, Vorbereitung wird die Adventsbotschaft entfaltet durch Text-, Lied- und Bildpredigten, Gebete und Wechsellesungen, Kurzgeschichten, Balladen und Quiz.

Hans-Dieter Stolze
Weihnachten

Verkündigung, Liturgie, Feier
Dienst am Wort, 51. 2. Auflage 1990. 160 Seiten mit 2 Abbildungen und 2 Dias, kartoniert
ISBN 3-525-59313-9